El sendero de los santos

Mártires que inspiraron la Fe

Phillips Tahuer

Editorial Anuket

Contenido:

Introducción
- **Cristianismo:**
1. San Pedro - Apóstol de Jesús y primer Papa, martirizado en Roma.
2. San Pablo - Apóstol y evangelizador, decapitado en Roma.
3. Santa Lucía - Mártir cristiana, conocida por su devoción y martirio en Siracusa.
4. San Sebastián - Soldado romano convertido al cristianismo, martirizado por sus creencias.
5. Santa Juana de Arco - Heroína francesa canonizada tras ser ejecutada por herejía.
6. San Lorenzo - Diácono de Roma, martirizado por su fe.
7. San Francisco de Asís - Fundador de la Orden Franciscana, conocido por su vida de pobreza y santidad.
8. Santa Teresa de Calcuta - Misionera al servicio de los pobres en India, canonizada en 2016.
9. San Esteban - Primer mártir cristiano, apedreado por proclamar su fe en Jesús.
10. Santa Perpetua y Santa Felicidad - Mártires cristianas del siglo III ejecutadas en Cartago.
11. San Ignacio de Antioquía - Padre de la Iglesia, martirizado en el Coliseo romano.
12. Santa Bárbara - Mártir cristiana que sufrió tortura por su fe, venerada en el cristianismo ortodoxo y católico.
- **Islam**
13. Imán Huséin - Nieto del profeta Mahoma, considerado un mártir tras la Batalla de Karbala.
14. Sumayyah bint Khabbat - Primera mártir del Islam, asesinada por su fe.
15. Ali ibn Abi Tálib - Primo de Mahoma y primer imán chií, asesinado en una mezquita.
16. Ammar ibn Yasir - Compañero del profeta Mahoma, considerado un mártir en el Islam.

17.   Fatimah bint Muhammad - Hija del profeta Mahoma, venerada por los chiíes, considerada una figura de sacrificio y santidad.

- **Judaísmo**

18.   Hannah y sus siete hijos - Mártires judíos de la época de los Macabeos, ejecutados por su fe.

19.   Rabí Akiva - Erudito judío martirizado por los romanos para enseñar la Torá.

- **Budismo**

20.   Thích Quảng Đức - Monje budista que se autoinmoló en protesta contra la persecución religiosa en Vietnam.

21.   Geshe Tsultrim Gyatso - Monje tibetano martirizado en el contexto de la ocupación china.

22.   Dhammaloka - Un monje budista y activista que se enfrentó a la persecución en la época colonial británica.

- **Sijismo**

23.   Guru Arjan Dev - Quinto gurú sij, martirizado por su fe bajo el gobierno mogol.

24.   Guru Tegh Bahadur - Noveno gurú sij, martirizado por defensor de la libertad religiosa.

25.   Bhai Taru Singh - Mártir sij que sufrió torturas extremas por negarse a abandonar su fe.

- **Hinduismo**

26.   Mahatma Gandhi - Aunque no fue declarado santo, es venerado como un mártir por su lucha pacífica y sacrificio en favor de la justicia.

27.   Swami Vivekananda - Aunque no mártir, es considerado un santo moderno por su defensa del hinduismo en el mundo.

28.   Bhagat Singh - Activista indio, considerado mártir por su lucha contra el colonialismo británico.

- **Otras religiones y culturas**

29.   Sócrates (Filosofía Griega) - Considerado un mártir de la verdad, murió tras ser condenado por sus enseñanzas.

30.   Joseph Smith (Mormonismo) - Fundador del movimiento de los Santos de los Últimos Días, asesinado por sus creencias.

Introducción

A lo largo de la historia de la humanidad, los mártires y santos han ocupado un lugar de especial reverencia y admiración en las tradiciones religiosas y culturales de todo el mundo. Estas figuras no solo representan ideales de fe y sacrificio, sino que también encarnan la capacidad del ser humano para mantenerse firme ante la adversidad, incluso cuando el precio de ello es la propia vida. "El Sendero de los Santos: Mártires que Inspiraron la Fe" reúne 30 biografías de hombres y mujeres extraordinarios que, a través de su entrega, marcaron un antes y un después en sus respectivas comunidades y religiones.

En estas páginas, exploraremos vidas que fueron transformadas por una fe inquebrantable. Desde las primeras comunidades cristianas enfrentándose a la persecución del Imperio Romano, hasta mártires modernos que han defendido sus creencias en contextos de opresión política o social, cada historia revela un profundo testimonio de valentía, resistencia y amor por lo divino.

Este libro no se limita a un único credo; su alcance abarca religiones tan diversas como el cristianismo, el islam, el judaísmo, el budismo, el sijismo y el hinduismo, entre otras. Al hacerlo, busca destacar un hilo común que conecta a estas figuras: el sacrificio en nombre de algo más grande que ellos mismos. Cada mártir y santo, independientemente de su fe o época, nos invita a reflexionar sobre el poder de las creencias y el impacto que tienen en las vidas humanas.

El término "mártir" proviene del griego martys, que significa "testigo". Los mártires, en su esencia, son testigos vivientes de sus creencias, dispuestos a enfrentar persecución, tortura e incluso la muerte antes que renegar de su fe. Por otro lado, los santos, venerados por su pureza, devoción y obras, representan el ideal espiritual al que aspiran los fieles. Aunque no todos los santos fueron mártires, muchos alcanzaron la santidad a través de actos de sacrificio extremo que inspiraron a generaciones enteras.

La santidad y el martirio trascienden la idea de sufrimiento físico. Son símbolos de resistencia espiritual y moral frente a fuerzas que buscan erradicar la esperanza, la verdad o la libertad. Estas figuras nos muestran que, incluso en los momentos más oscuros, es posible mantener la integridad personal y la conexión con lo divino.

Hoy en día, las historias de mártires y santos siguen resonando en un mundo donde las injusticias y los desafíos parecen interminables. Sus vidas nos enseñan que los ideales, la fe y los valores pueden iluminar el camino incluso en los contextos más hostiles. Más que relatos de sufrimiento, estas biografías son recordatorios de que la resistencia pacífica y el sacrificio por el bien común tienen un poder transformador.

Por ejemplo, la valentía de San Pedro al aceptar la crucifixión invertida en Roma nos habla de la humildad frente al sufrimiento. La firmeza de Imán Huséin en la Batalla de Karbala inspira a millones a luchar contra la opresión, mientras que el sacrificio de Guru Tegh Bahadur por la libertad religiosa sigue siendo un faro de esperanza para quienes defienden sus derechos fundamentales.

Pero este libro no se limita a héroes antiguos; también abarca mártires modernos como Thích Quảng Đức , quien con su inmolación pacífica denunció la persecución religiosa en Vietnam, o Santa Teresa de Calcuta , cuyo sacrificio diario por los más necesitados en la India marcó una era de amor y compasión activa.

El propósito de "El Sendero de los Santos: Mártires que inspiraron la Fe" es más que narrar historias. Es un llamado a la reflexión sobre el legado de estas figuras y el impacto que pueden tener en nuestras vidas. En un mundo donde los valores parecen diluirse con facilidad, las vidas de mártires y santos nos ofrecen ejemplos tangibles de dedicación, compromiso y servicio a los demás.

Esperamos que este libro no solo enriquezca el conocimiento de los lectores sobre figuras religiosas y culturales clave, sino que también sirva como una fuente de motivación. Que las historias aquí contienen fortalezcan la esperanza, fomenten la empatía y nos recuerden que el sacrificio, cuando está orientado hacia el bien común, tiene el poder de cambiar el curso de la historia.

Que estas páginas sean una guía en el sendero de la reflexión y el aprendizaje, iluminando los valores más elevados que los mártires y santos han representado a lo largo del tiempo.

EL CRISTIANISMO: ORÍGENES, DOCTRINA Y LA RELACIÓN CON LOS SANTOS Y MÁRTIRES

El cristianismo es una de las religiones más grandes y extendidas del mundo, con más de dos mil millones de seguidores. Su origen se remonta al siglo I en la región del Imperio Romano, en la figura de Jesucristo, un líder religioso judío que predicó un mensaje de amor, perdón, y salvación. Jesús de Nazaret, considerado el Hijo de Dios y el Mesías prometido en la tradición judía, fue crucificado por las autoridades romanas alrededor del año 30 d.C. Su muerte y resurrección son la piedra angular de la fe cristiana, pues se cree que, a través de su sacrificio, la humanidad fue redimida del pecado.

El cristianismo nació en el contexto del judaísmo del Segúndo Templo, pero pronto se separó de sus raíces judías debido a la predicación de los seguidores de Jesús, especialmente de los apóstoles como Pedro y Pablo, quienes expandieron el mensaje cristiano entre los gentiles (no judíos). A lo largo de las primeras décadas, la fe cristiana se difundió rápidamente por todo el Imperio Romano, enfrentando persecuciones y oposiciones tanto de autoridades religiosas como políticas.

La doctrina cristiana se basa principalmente en los evangelios del Nuevo Testamento, que relatan la vida, enseñanzas, muerte y resurrección de Jesús. Los cristianos creen en un Dios Trino: el Padre, el Hijo (Jesucristo), y el Espíritu Santo, una doctrina conocida como la Trinidad. Jesús es considerado el Salvador de la humanidad, cuya muerte en la cruz permitió la reconciliación de los seres humanos con Dios. Además, el cristianismo pone gran énfasis en los mandamientos de amor: amar a Dios sobre todas las cosas y amar al prójimo como a uno mismo.

El cristianismo también enseña la vida eterna, prometida a aquellos que creen en Jesucristo y siguen sus enseñanzas. La Iglesia, como comunidad de creyentes, juega un papel central, ya que los cristianos creen que la salvación se alcanza a través de la fe, la gracia divina, y las buenas obras.

En el cristianismo, los santos son personas que han llevado una vida de santidad ejemplar, siguiendo los principios de Jesús y su enseñanza. La Iglesia los venera como modelos de virtud y fe. La canonización es el proceso mediante el cual la Iglesia Católica reconoce oficialmente a una persona como santa, un acto que implica la confirmación de su vida ejemplar y de su mediación ante Dios. Los santos son considerados intercesores que, a través de su cercanía a Dios, pueden influir en las vidas de los creyentes.

Por otro lado, los mártires son aquellos cristianos que han dado su vida por su fe, a menudo enfrentando torturas y ejecución. El sacrificio de los mártires es altamente venerado en el cristianismo, pues su muerte por la fe se considera un acto supremo de testimonio del amor y la verdad de Cristo. La historia de los primeros cristianos está llena de mártires, como San Esteban, el primer mártir cristiano, o San Pedro y San Pablo, quienes, según la tradición, también sufrieron martirio por su fidelidad al evangelio.

Los mártires, al igual que los santos, sirven como ejemplos de valentía y dedicación a la fe cristiana. Su sacrificio no solo fortalece la comunidad cristiana, sino que también inspira a los creyentes a vivir de manera fiel, incluso en medio de adversidades.

1.   San Pedro: El pescador convertido en la Roca de la Fe

Simón Pedro, conocido como San Pedro, fue uno de los discípulos más cercanos de Jesús y es considerado el primer papa de la Iglesia Católica. Su vida es un testimonio de transformación, fe y sacrificio, dejando un legado que continúa inspirando a millones de personas alrededor del mundo.

Simón nació en Betsaida, un pequeño pueblo de pescadores en Galilea. Trabajaba como pescador junto a su hermano Andrés, quien también sería discípulo de Jesús. Fue Andrés quien lo llevó a conocer al Mesías, marcando el inicio de una vida que cambiaría la historia de la fe cristiana.

Jesús le dio el nombre de Pedro (del griego Petros, que significa "roca") y declaró:

"Tú eres Pedro, y sobre esta roca edificaré mi Iglesia, y las puertas del Hades no prevalecerán contra ella".

Este nombramiento simbolizaba el papel fundamental que Pedro jugaría como líder de la naciente comunidad cristiana.

Pedro es una figura que encarna la dualidad de la fe y la fragilidad humana. Fue el único discípulo que tuvo el coraje de caminar sobre el agua hacia Jesús, aunque su miedo lo hizo hundirse. Asimismo, fue el primero en reconocer a Jesús como el Hijo de Dios, pero también quien lo negó tres veces durante la Pasión.

Sin embargo, estos momentos de debilidad no definieron su vida. Tras la resurrección de Jesús, Pedro recibió el perdón y un nuevo llamado a pastorear a los creyentes:

"Apacienta mis ovejas" (Juan 21:17).

Después de la ascensión de Jesús, Pedro emergió como el líder indiscutible de los apóstoles. Predicó con fervor en Jerusalén, Antioquía y otras regiones, convirtiéndose en una figura clave en la difusión del cristianismo. Su valentía lo llevó a enfrentarse a las autoridades judías y romanas, soportando encarcelamientos y persecuciones.

Uno de sus momentos más significativos fue el Concilio de Jerusalén, donde defendió la inclusión de los gentiles en la Iglesia sin necesidad de someterse a las leyes judías, marcando un paso crucial en la universalidad del cristianismo.

La tradición cristiana sostiene que Pedro viajó a Roma para continuar su misión evangelizadora. Allí, bajo el reinado del emperador Nerón, fue arrestado y condenado a muerte durante una feroz persecución contra los cristianos.

Según relatos antiguos, Pedro pidió ser crucificado cabeza abajo, pues no se consideraba digno de morir de la misma manera que su Señor. Este acto de humildad y devoción es uno de los gestos más emblemáticos de su vida. Su martirio tuvo lugar alrededor del año 64 dC, y se cree que fue enterrado donde hoy se encuentra la Basílica de San Pedro en el Vaticano.

San Pedro es considerado el primer papa y el fundador simbólico de la Iglesia Católica. Su vida refleja la posibilidad de redención y la fuerza de la fe incluso en los momentos más difíciles.

El papado, con su sucesión apostólica, se basa en la autoridad que Jesús confirió a Pedro, quien se convirtió en el guardián de la unidad y el liderazgo espiritual de la Iglesia.

Además, su sacrificio no solo fortaleció a la comunidad cristiana en Roma, sino que también sirvió como ejemplo de entrega total al mensaje de Cristo. En él, los creyentes encuentran inspiración para enfrentar adversidades, mantenerse firmes en su fe y, sobre todo, servir con humildad.

Hoy, San Pedro es venerado en todo el mundo como un modelo de liderazgo y devoción. Su vida y muerte son un recordatorio del poder transformador del amor divino y del sacrificio por el bien de los demás.

La figura de San Pedro sigue viva en la Basílica de San Pedro, en las enseñanzas de la Iglesia Católica y en el corazón de quienes encuentran en él una roca sobre la cual construye su propia fe.

2. San Pablo: El Apóstol de los gentiles y la transformación de la Fe Cristiana

San Pablo, también conocido como Pablo de Tarso, es una de las figuras más influyentes del cristianismo y un modelo de transformación y entrega. Su vida, marcada por un drástico cambio de perseguidor a predicador de la fe cristiana, lo convirtió en un apóstol ferviente y en el principal evangelizador de los gentiles. Su sacrificio y legado han dejado una huella imborrable en la historia de la religión.

Pablo nació como Saulo en Tarso, una ciudad de la región de Cilicia (actual Turquía), en una familia judía de la tribu de Benjamín. Era ciudadano romano, privilegio que le concedía derechos y libertades inusuales en su época. Como fariseo, fue educado estrictamente en la ley Mosaica bajo la guía del reconocido maestro Gamaliel.

Desde joven, Saulo mostró un gran celo por las tradiciones judías, lo que lo llevó a perseguir a los primeros cristianos, quienes consideraban una amenaza para el judaísmo. Fue un ferviente testigo de la muerte del primer mártir cristiano, San Esteban, y estuvo involucrado en la persecución de los seguidores de Jesús.

La vida de Saulo dio un giro radical en el camino a Damasco, donde se dirigía con la intención de arrestar a cristianos. Según el relato bíblico, una luz celestial lo envolvió, lo cegó, y escuchó la voz de Jesús que le dijo: "Saulo, Saulo, ¿por qué me persigues?" (Hecot 9:4).

Este encuentro transformó su vida. Cegado temporalmente, fue guiado a la ciudad, donde el discípulo Ananías lo bautizó. Recuperó la vista y adoptó el nombre de Pablo, marcando el inicio de su misión como apóstol de Cristo.

Tras su conversión, Pablo dedicó su vida a difundir el mensaje de Jesús, especialmente entre los gentiles (no judíos). Realizó al menos tres grandes viajes misioneros que lo realizaron por Asia Menor, Grecia y otras regiones del Mediterráneo. En cada lugar, fundaron comunidades cristianas, predicó en sinagogas y foros públicos, y escribió cartas (epístolas) que formarían una parte esencial del Nuevo Testamento.

A pesar de su fervor, Pablo se enfrentó a numerosos desafíos: fue encarcelado varias veces, apedreado, azotado y naufragó en múltiples ocasiones. Sin embargo, su determinación nunca flaqueó. En su carta a los Romanos, escribió:

"¿Quién nos separará del amor de Cristo? ¿Tribulación, o angustia, o persecución, o hambre, o desnudez, o peligro, o espada?" (Romanos 8:35).

Pablo fue arrestado en Jerusalén tras ser acusado de profanar el Templo y, como ciudadano romano, apeló a su derecho de ser juzgado en Roma. Durante su encarcelamiento, escribió algunas de sus epístolas más conocidas, que reflejan su fe inquebrantable y su amor por las comunidades cristianas.

Finalmente, alrededor del año 64-67 dC, durante la persecución de los cristianos bajo el emperador Nerón,

Pablo fue condenado a muerte. Por su ciudadanía romana, fue ejecutado por decapitación, una muerte más "humana" en comparación con las torturas a las que eran sometidas otros cristianos.

El impacto de Pablo en el cristianismo es inmenso. A través de sus epístolas, dejó una profunda reflexión teológica que ha guiado a la Iglesia por siglos. Conceptos clave como la salvación por la fe, la universalidad del mensaje cristiano y la importancia del amor como fundamento de la vida cristiana son pilares de su enseñanza.

Entre sus epístolas más influyentes se encuentran:

•	La Carta a los Romanos: Un tratado teológico sobre la fe y la gracia.
•	La Primera Carta a los Corintios: Conocida por su enseñanza sobre el amor en el capítulo 13.
•	La Carta a los Gálatas: Una defensa apasionada de la libertad cristiana.

Pablo no solo expandió el cristianismo más allá de los límites del judaísmo, sino que también unificó comunidades diversas bajo la fe en Cristo. Es conocido como "el Apóstol de los Gentiles" por su compromiso de llevar el evangelio a todas las naciones.

San Pablo es venerado como santo por la Iglesia Católica, la Ortodoxa y varias denominaciones protestantes. Su fiesta se celebra el 29 de junio, junto con San Pedro.

Hoy, su vida y escritos siguen inspirando a creyentes de todo el mundo. Su transformación, desde perseguidor a ferviente defensor de la fe, es un recordatorio del poder redentor de la gracia divina y del impacto que una vida dedicada al servicio de los demás puede tener en el mundo.

La vida de San Pablo nos desafía a vivir con propósito, a enfrentar las adversidades con fe ya recordar que, como escribió en su Segunda Carta a Timoteo:

"He peleado la buena batalla, he terminado la carrera, he guardado la fe". (2 Timoteo 4:7).

3.   Santa Lucía: La mártir de Siracusa y símbolo de Fe y Luz

Santa Lucía, una de las santas más veneradas en el cristianismo, es conocida por su valentía, devoción y sacrificio en defensa de su fe. Nacida en Siracusa, en la isla de Sicilia, su vida y martirio se convirtió en un testimonio de fortaleza espiritual y amor incondicional a Cristo, marcando una huella imborrable en la tradición cristiana.

Lucía nació en el siglo III dC en una familia cristiana acomodada. Desde temprana edad, mostró una profunda devoción a Dios, lo que la llevó a consagrar su vida a Cristo y hacer un voto de castidad. Perdió a su padre siendo aún una niña, quedando bajo el cuidado de su madre, Eutiquia.

La madre de Lucía sufría de una enfermedad crónica, y la joven, con fe y determinación, oró en la tumba de Santa Águeda pidiendo su intercesión. Según la tradición, Eutiquia fue milagrosamente sanada, lo que consolidó aún más la fe de Lucía.

En aquella época, el Imperio Romano bajo el emperador Diocleciano había decretado varias persecuciones contra los cristianos. Lucía se enfrentó a un dilema cuando, en contra de su voluntad, su madre la comprometió en matrimonio con un joven pagano. Lucía se opuso firmemente, declarando que había entregado su vida y virginidad a Cristo.

Su rechazo enfureció a su pretendiente, quien la denunció como cristiana ante las autoridades romanas. Esto la llevó a ser arrestada y sometida a juicio por su fe. Durante su proceso, Lucía mostró una valentía inquebrantable, declarando que su amor por Dios era mayor que cualquier amenaza terrestre.

Según la tradición, los intentos de las autoridades por someterla y hacerla renunciar a su fe resultaron infructuosos. La leyenda cuenta que, al intentar forzarla a ser llevada a un burdel como castigo, su cuerpo se volvió inexplicablemente inmovible, incluso cuando intentaron arrastrarla con bueyes.

En su desesperación, los soldados recurrieron a torturas brutales. Se dice que Lucía sufrió la mutilación de sus ojos, aunque en muchas versiones de su historia, estos fueron milagrosamente restaurados por Dios, simbolizando su visión espiritual y su fe luminosa. Finalmente, fue ejecutada por decapitación alrededor del año 304 dC.

El nombre de Lucía proviene del l¡"ín lux, que significa "luz", y a lo largo de los siglos ha sido asociado con la claridad espiritual, la esperanza y la iluminación de la fe.

Santa Lucía es especialmente venerada como patrona de la vista, tanto en el sentido físico como en el espiritual. Su vida y martirio nos invitan a mirar más allá de las adversidades terrenales y a fijar la mirada en la luz eterna de Dios.

La devoción a Santa Lucía se extendió rápidamente por toda Europa tras su martirio. Su fiesta, celebrada el 13 de diciembre, es particularmente significativa en los países escandinavos, donde marca el inicio de las festividades navideñas. Durante esta celebración, jóvenes vestidas de blanco, simbolizando la pureza, portan coronas de velas en sus cabezas para representar la luz que Santa Lucía llevó al mundo.

En Italia, especialmente en Sicilia, Santa Lucía es venerada como protectora y guía espiritual. La Basílica de Santa Lucía al Sepulcro, en Siracusa, es un importante lugar de peregrinación.

La vida de Santa Lucía es un ejemplo de fe inquebrantable frente a la persecución, de amor a Dios sobre todas las cosas y de sacrificio por el bien de los demás. Su legado inspira a millones a mantenerse firmes en sus convicciones espirituales y a ser luz en un mundo que a menudo parece envuelto en tinieblas.

Hoy, Santa Lucía continúa iluminando el camino de los creyentes, recordándonos que incluso en medio de la adversidad, la fe puede brillar como un faro de esperanza y amor eterno.

4. San Sebastián: El soldado mártir y símbolo de fortaleza espiritual

San Sebastián, un soldado romano que abrazó la fe cristiana, es uno de los mártires más venerados en la tradición cristiana. Su vida y muerte simbolizan el valor, la fidelidad a la fe y el sacrificio por los demás, incluso frente a la adversidad extrema.

Sebastián nació alrededor del año 256 dC en Narbona, en la región de la Galia (actual Francia), pero fue criado en Milán. Proveniente de una familia acomodada y pagana, se educó en el ambiente romano tradicional. Su habilidad y lealtad lo llevaron a unirse al ejército romano, donde rápidamente ascendió a una posición destacada como capitán de la guardia pretoriana del emperador Diocleciano.

A pesar de su entorno pagano, Sebastián se convirtió en un ferviente cristiano, practicando su fe en secreto. Utilizó su posición privilegiada en el ejército para ayudar a los cristianos perseguidos, visitándolos en las cárceles, consolándolos y alentándolos a mantenerse firmes en su fe. También se dedicó a convertir a otros al cristianismo, incluidos varios soldados y oficiales romanos.

Durante el reinado de Diocleciano, las persecuciones contra los cristianos alcanzaron su punto más alto. Cuando se descubrió que Sebastián era cristiano, el emperador se sintió traicionado y ordenó su ejecución.

Sebastián fue atado a un poste y sus compañeros soldados dispararon flechas contra él, dejándolo aparentemente muerto. Sin embargo, la historia cuenta que sobrevivió a esta brutal tortura. Una mujer cristiana llamada Irene, que acudió para recoger su cuerpo, descubrió que aún estaba vivo. Lo cuidó hasta que se recuperó completamente.

En lugar de huir, Sebastián se enfrentó nuevamente al emperador, denunciando la crueldad de las persecuciones contra los cristianos. Su valentía enfureció aún más a Diocleciano, quien ordenó que fuera azotado hasta la muerte. Finalmente, su cuerpo fue arrojado en una cloaca, pero los cristianos lo recuperaron y le dieron sepultura en las catacumbas.

San Sebastián es un símbolo de resistencia espiritual y fortaleza frente a las adversidades. Su imagen, atado a un árbol o poste y atravesado por flechas, se convirtió en una de las representaciones artísticas más icónicas del cristianismo. Este simbolismo no solo ilustra su martirio, sino también su capacidad para superar el sufrimiento con fe y determinación.

Desde la Edad Media, San Sebastián ha sido invocado como protector contra las epidemias y las enfermedades, debido a una antigua creencia que lo asociaba con la intercesión divina durante la peste. Su devoción se expande rápidamente por Europa y otras regiones, convirtiéndolo en uno de los santos más populares en la historia de la Iglesia.

San Sebastián es el santo patrón de soldados, atletas y arqueros, además de ser protector contra enfermedades contagiosas. Su fiesta se celebra el 20 de enero y es conmemorada con fervor en diversas partes del mundo. Ciudades como Río de Janeiro lo han adoptado como su patrón, celebrando su legado con procesiones y festividades.

La vida de San Sebastián nos recuerda que la verdadera fe no se mide por la ausencia de pruebas, sino por la capacidad de perseverar en medio de ellas. Su valentía al defensor de sus creencias y su amor incondicional por los demás lo convierte en un modelo para quienes buscan vivir una vida de propósito y servicio.

Hoy, San Sebastián continúa siendo una inspiración para quienes enfrentan adversidades y persecuciones, recordándonos que el sacrificio por la fe y los demás puede iluminar incluso los tiempos más oscuros.

5. Santa Juana de Arco: La doncella de Orleans y mártir de la Fe

Santa Juana de Arco es una figura emblemática que une el heroísmo militar y la profunda fe religiosa. Su vida extraordinaria, marcada por visiones divinas y un destino trágico, la convirtió en una heroína nacional de Francia y en una santa venerada por la Iglesia Católica.

Juana nació en Domrémy, un pequeño pueblo de Francia, en enero de 1412, en una familia campesina devota. Creció en un entorno rural durante la Guerra de los Cien Años, un conflicto devastador entre Francia e Inglaterra. Aunque era analfabeta, Juana mostró desde temprana edad un fuerte compromiso con su fe y un carácter decidido.

A los 13 años, Juana comenzó a experimentar visiones y escuchar voces que, según ella, provenían de San Miguel Arcángel, Santa Catalina de Alejandría y Santa Margarita. Estas figuras la instalaron a liderar a Francia en la lucha contra los invasores ingleses y a restaurar a Carlos VII como rey legítimo.

A los 16 años, Juana convenció a las autoridades locales de que su misión era divina. Vestida como un hombre para protegerse durante el viaje, llegó a la corte del delfín Carlos en Chinon. Allí, lo persuadió de que era enviada por Dios para salvar a Francia. Después de un interrogatorio para confirmar su pureza y sus intenciones, Carlos le otorgó tropas para liberar la ciudad de Orleans, que estaba bajo asedio inglés.

En 1429, Juana lideró al ejército francés en una serie de batallas victoriosas. Su valentía y convicción inspiraron a las tropas, revitalizando la moral del ejército y del pueblo. Orleans fue liberada, y Juana se ganó el título de La Doncella de Orleans. Gracias en parte a su intervención, Carlos VII fue coronado rey en Reims, cumpliendo así una de las misiones divinas que ella decía haber recibido.

En 1430, mientras defendía la ciudad de Compiègne, Juana fue capturada por las tropas borgoñonas, aliadas de los ingleses. Fue vendida a los ingleses, quienes la entregaron a la Iglesia para ser juzgada. Aunque su causa era claramente política, fue acusada de herejía, brujería y de usar ropas masculinas, lo cual iba en contra de las normas de la época.

Durante su juicio en Rouen, Juana demostró una valentía y una agudeza intelectual sorprendentes, a pesar de las duras condiciones a las que fue sometida. Mantuvo firmemente su postura, declarando que sus voces eran de origen divino y que había accionado bajo el mandato de Dios. Sin embargo, el tribunal, controlado por intereses ingleses, la declarada culpable.

El 30 de mayo de 1431, Juana fue quemada en la hoguera en la plaza del mercado de Rouen. Antes de morir, pidió un crucifijo y gritó el nombre de Jesús mientras las llamas la consumían. Tenía solo 19 años.

Veinticinco años después de su muerte, un nuevo juicio ordenado por el papa Calixto III revisó su caso y declaró nulo el veredicto inicial. Juana fue rehabilitada y proclamada mártir en 1456.

Siglos después, en 1920, el papa Benedicto XV la canonizó como santa. Su festividad se celebra el 30 de mayo, y es considerada la santa patrona de Francia, así como de los soldados y los mártires.

El legado de Santa Juana de Arco trasciende las fronteras religiosas y culturales. Es un símbolo de valor, fe y patriotismo. Su historia inspira a quienes enfrentan injusticias, y su vida demuestra que incluso una joven humilde puede cambiar el curso de la historia cuando actúa con convicción y propósito.

En el arte, la literatura y el cine, Juana ha sido representada como una heroína trágica y una figura mística. Su vida sigue siendo objeto de admiración, debate y reflexión, recordándonos que el sacrificio personal y la entrega a una causa noble pueden transformar el mundo.

Hoy, Santa Juana de Arco permanece como un faro de esperanza para quienes luchan por la justicia y la fe, una joven campesina que desafió las normas de su tiempo y dejó una huella imborrable en la historia de Francia y de la humanidad.

6.   San Lorenzo: El diácono de Roma y mártir del amor cristiano

San Lorenzo, uno de los mártires más venerados de la Iglesia Católica, vivió en el siglo III dC durante un tiempo de intensas persecuciones contra los cristianos en el Imperio Romano. Como diácono, Lorenzo destacó por su dedicación al servicio de los pobres y su valentía al enfrentar el martirio. Su vida y sacrificio dejaron un legado imborrable de fe, amor y fortaleza espiritual.

Lorenzo nació en Huesca, una ciudad de la Hispania romana, alrededor del año 225 dC Desde joven, mostró una inclinación hacia la fe cristiana y un profundo deseo de servir a los demás. Se trasladó a Roma para continuar su formación religiosa, donde conoció al futuro papa Sixto II, quien lo instruyó y lo ordenó diácono.

Como diácono de la Iglesia romana, Lorenzo tuvo la responsabilidad de administrar los bienes eclesiásticos y distribuirlos entre los pobres, una tarea que realizó con diligencia y compasión. Su humildad, generosidad y fervor espiritual lo convirtieron en una figura querida por los cristianos de la época.

En el año 258 dC, el emperador Valeriano emitió un decreto que ordenaba la ejecución de todos los obispos, sacerdotes y diáconos cristianos. Este edicto buscaba debilitar la creciente influencia del cristianismo en el Imperio Romano.

El papa Sixto II fue arrestado y ejecutado, pero antes de su muerte, le pidió a Lorenzo que distribuyera los bienes de la Iglesia entre los pobres y preparara su propia alma para el martirio. Lorenzo creció la misión con fe inquebrantable.

Cumpliendo con las instrucciones de Sixto II, Lorenzo reunió los bienes de la Iglesia y los distribuyó entre los necesitados. Cuando las autoridades romanas lo arrestaron, le exigieron que entregara las riquezas de la Iglesia. Lorenzo, en un acto de valentía y desafío, presentó ante el prefecto romano a los pobres, enfermos y marginados, declarando: "Estos son los tesoros de la Iglesia".

Furioso por su respuesta, el prefecto ordenó su ejecución mediante un método particularmente cruel. Lorenzo fue atado sobre una parrilla de hierro y quemado vivo. A pesar del dolor extremo, la tradición cristiana relata que Lorenzo mantuvo su espíritu indomable. Se dice que incluso hizo un comentario irónico mientras sufría: "Denme la vuelta; ya estoy bien cocido de este lado".

Lorenzo murió el 10 de agosto del año 258, mostrando un testimonio final de fortaleza y fe.

El martirio de San Lorenzo tuvo un impacto profundo en la Iglesia primitiva. Su valentía inspiró a muchos cristianos perseguidos a mantenerse firmes en su fe. Pronto fue venerado como un santo y su tumba en Roma se convirtió en un importante lugar de peregrinación.

La Basílica de San Lorenzo Extramuros, construida sobre su lugar de entierro, es una de las siete iglesias principales de Roma y un símbolo de su legado espiritual.

San Lorenzo es considerado el patrón de los diáconos, los pobres y los cocineros. Su fiesta, celebrada el 10 de agosto, es un día de reflexión sobre el sacrificio y el servicio a los demás.

San Lorenzo es un modelo de amor cristiano en acción. Su vida refleja la importancia de poner las riquezas materiales al servicio de los necesitados y de mantener una fe firme incluso en las circunstancias más adversas.

La "Lluvia de San Lorenzo" (una lluvia de meteoros conocida como las Perseidas) se asocia habitualmente con su festividad, simbolizando las chispas de su martirio y el resplandor eterno de su sacrificio.

La historia de San Lorenzo nos recuerda que el verdadero tesoro no está en los bienes materiales, sino en el amor y la ayuda hacia los más vulnerables. Su valentía al desafiar la injusticia y su espíritu de servicio resuenan aún hoy, inspirando a los creyentes a vivir con integridad y a poner sus talentos y recursos al servicio de los demás.

San Lorenzo es un ejemplo eterno de cómo el sacrificio por una causa justa puede iluminar incluso las épocas más oscuras, dejando un legado de esperanza, fe y caridad.

7.   San Francisco de Asís: El santo de la pobreza y hermano de toda la creación

San Francisco de Asís es uno de los santos más amados y venerados en la historia del cristianismo. Conocido por su profunda humildad, amor por la naturaleza y dedicación a los pobres, Francisco dejó un legado de santidad y servicio que sigue inspirando a millones en todo el mundo.

Francisco nació en 1181 o 1182 en Asís, Italia, en el seno de una familia acomodada. Su padre, Pietro di Bernardone, era un próspero comerciante de telas, y su madre, Pica, una mujer profundamente religiosa. Durante su juventud, Francisco disfrutó de una vida de lujo, fiestas y aventuras, alimentando sueños de gloria militar.

En 1202, participó en una batalla entre Asís y Perugia, donde fue capturado y encarcelado. Esta experiencia, junto con una enfermedad grave, marcó el inicio de su transformación espiritual. Poco después, mientras rezaba en la iglesia de San Damián, escuchó la voz de Cristo que le dijo: "Francisco, repara mi iglesia, que está en ruinas".

Tomando estas palabras literalmente, Francisco vendió parte de los bienes de su padre para reparar iglesias locales. Este acto lo llevó a un conflicto con su familia, culminando en un episodio en el que renunció públicamente a su herencia, devolviendo incluso sus ropas, y declaró que su único padre sería Dios.

Francisco abrazó una vida de pobreza radical, dedicándose a ayudar a los pobres, cuidar a los leprosos y predicar el evangelio. Su carisma atrajo a otros, y en 1209, fundó la Orden de los Hermanos Menores (conocidos como franciscanos), basada en la pobreza, la humildad y el amor por toda la creación.

La orden fue aprobada por el papa Inocencio III, quien inicialmente dudó del proyecto, pero finalmente se conmovió por la sinceridad y fervor de Francisco. La comunidad franciscana creció rápidamente, extendiéndose por toda Europa.

Francisco también fundó la Orden de las Clarisas, junto con Santa Clara de Asís, y la Tercera Orden Franciscana, destinada a laicos comprometidos con los ideales de su espiritualidad.

San Francisco es conocido por su amor profundo por la naturaleza, viéndola como un reflejo de la bondad de Dios. Consideraba a todos los seres como hermanos y hermanas, desde los animales hasta los elementos de la naturaleza. Este espíritu se manifiesta en su famoso Cántico de las Criaturas, donde alaba al sol, la luna, el agua y el fuego como hermanos y hermanas.

Este enfoque no solo lo convirtió en el santo patrón de los animales y el medio ambiente, sino que también promovió una visión de unidad y fraternidad universal que trasciende las diferencias sociales y religiosas.

En 1224, durante un retiro en el Monte Alvernia, Francisco recibió los estigmas, las heridas de la Pasión de Cristo, un signo de su profunda unión con el sufrimiento del Salvador. Este evento fortaleció su devoción, pero también marcó el inicio de un deterioro físico que lo acompañaría hasta el final de sus días.

A pesar de sus dolencias, Francisco continuó sirviendo a los demás y predicando hasta su muerte, ocurrida el 3 de octubre de 1226, a la edad de 44 años. Fue enterrado en Asís, donde se construyó la Basílica de San Francisco en su honor.

Solo dos años después de su muerte, en 1228, Francisco fue canonizado por el papa Gregorio IX. Su festividad se celebra el 4 de octubre y es reconocida por la Iglesia Católica y otras tradiciones cristianas.

El legado de San Francisco se mantiene vivo a través de la Orden Franciscana, que sigue promoviendo sus ideales de pobreza, humildad, amor por la naturaleza y fraternidad. Su vida inspiró a generaciones de santos, líderes religiosos y activistas, incluido el papa Francisco, quien eligió su nombre en honor al santo de Asís.

En un mundo actual marcado por la desigualdad, el consumismo y la crisis ambiental, el mensaje de Francisco resuena con una fuerza renovada. Su ejemplo nos llama a vivir con sencillez, a cuidar a los más vulnerables y a respetar el mundo natural como un regalo divino.

San Francisco nos enseña que la verdadera riqueza no se encuentra en los bienes materiales, sino en una vida dedicada al amor, al servicio y a la comunión con Dios y la creación. Su sacrificio por los demás y su compromiso inquebrantable con sus ideales lo convierten en un modelo de santidad y humanidad para todas las generaciones.

Hoy, San Francisco de Asís sigue siendo un faro de esperanza y una inspiración para quienes buscan vivir una vida de propósito, en armonía con Dios, con los demás y con la naturaleza.

8. Santa Teresa de Calcuta: Madre de los pobres y mensajera de la compasión

Santa Teresa de Calcuta, conocida mundialmente como Madre Teresa, es uno de los íconos más destacados de la compasión y el servicio desinteresado en la historia moderna. A través de su trabajo incansable con los más pobres y marginados en la India y en todo el mundo, dejó un legado de amor y humanidad que trasciende barreras religiosas, culturales y sociales.

Teresa nació como Agnes Gonxha Bojaxhiu el 26 de agosto de 1910 en Skopie, Macedonia, en el seno de una familia católica albanesa. Desde muy joven, mostró una profunda fe y sensibilidad hacia los necesitados. Inspirada por las historias de misioneros, decidió consagrar su vida al servicio de Dios y los demás.

A los 18 años, Agnes dejó su hogar y se unió a las Hermanas de Loreto en Irlanda, donde adoptó el nombre religioso de Teresa, en honor a Santa Teresa de Lisieux. En 1929, llegó a Calcuta, India, donde trabajó como maestra en una escuela para niñas. Durante casi 20 años, fue compatible con esta labor con dedicación, pero un llamado más profundo la esperada.

En 1946, mientras viajaba en un tren rumbo a un retiro espiritual, Teresa experimentó lo que describió como un "llamado dentro del llamado". Sintió que Jesús le pidió abandonar la comodidad del convento para vivir entre los pobres y atender a los más desamparados.

Con el permiso de sus superiores y del Vaticano, dejó las Hermanas de Loreto en 1948 y comenzó a trabajar entre los pobres de Calcuta. Cambió su hábito por un sencillo sari blanco con borde azul, que se convertiría en el emblema de su misión. Aprendió medicina básica y empezó a visitar barrios marginales, cuidando a los enfermos y moribundos.

En 1950, Teresa fundó la congregación de las Misioneras de la Caridad, dedicada a servir a "los más pobres entre los pobres". Su misión se expande rápidamente y atrajo a muchas mujeres dispuestas a seguir su ejemplo. Las Misioneras de la Caridad abrieron hospicios, orfanatos, escuelas y centros para enfermos de lepra y VIH/SIDA en todo el mundo.

Uno de sus proyectos más emblemáticos fue el Kalighat Home for the Dying , un hogar para personas en situación terminal. Teresa vio a cada persona como una manifestación de Cristo y ofrecía a los moribundos dignidad, amor y cuidado en sus últimos momentos.

La dedicación de Teresa a los pobres le valió reconocimiento mundial. Recibió numerosos premios, incluido el Premio Nobel de la Paz en 1979, que recibió "en nombre de los pobres". En su discurso, afirmó que "el mayor destructor de la paz hoy es el grito del inocente no nacido", resaltando su firme postura en contra del aborto.

A pesar de su enorme admiración p¡"lica' Teresa también enfrentó críticas. Algunos cuestionaron la calidad de atención en sus centros, su enfoque en el sufrimiento como forma de redención y su postura conservadora en temas como el control de natalidad. Sin embargo, su compromiso personal con los pobres nunca estuvo en duda.

A pesar de los problemas de salud en sus últimos años, Teresa continuó liderando su congregación hasta 1997. Falleció el 5 de septiembre de ese año en Calcuta, rodeada por el cariño de aquellos a quienes dedicó su vida.

En 2003, el papa Juan Pablo II la beatificó, y en 2016, el papa Francisco la canonizó como Santa Teresa de Calcuta, reconociendo su santidad y su labor excepcional.

Santa Teresa de Calcuta dejó un legado de amor y servicio que sigue inspirando a millones. Su congregación, que ahora cuenta con miles de miembros, continúa atendiendo a los necesitados en más de 130 países.

Su mensaje de que "no todos podemos hacer grandes cosas, pero sí cosas pequeñas con gran amor" es un recordatorio poderoso de que incluso los actos más simples pueden transformar vidas.

La vida de Santa Teresa nos enseña el valor de la humildad, la compasión y el sacrificio personal. A través de su trabajo con los más marginados, mostró al mundo que el verdadero poder radicar en el amor y en la capacidad de servir sin esperar nada a cambio.

Hoy, Santa Teresa de Calcuta sigue siendo un faro de esperanza y una inspiración para aquellos que buscan aliviar el sufrimiento humano y vivir con un propósito más elevado.

9.   San Esteban: El Primer mártir cristiano y testigo de fe

San Esteban, reconocido como el primer mártir cristiano, es una figura clave en la historia del cristianismo primitivo. Su valentía al proclamar su fe y su sacrificio en defensa de las enseñanzas de Jesús lo convirtió en un símbolo de fidelidad y entrega. Su martirio marcó el inicio de una era de persecuciones que fortaleció la comunidad cristiana y consolidó su identidad espiritual.

San Esteban aparece en el Libro de los Hechos de los Apóstoles en el Nuevo Testamento. Se le describe como un hombre lleno de fe, sabiduría y el Espíritu Santo. Era parte de los primeros discípulos de Jesús que vivieron en Jerusalén tras la resurrección y ascensión de Cristo.

En respuesta a las crecientes necesidades de la comunidad cristiana, los apóstoles seleccionaron a siete hombres para servir como diáconos, encargados de distribuir alimentos y cuidar de las viudas y los necesitados. Esteban, por su virtud y dedicación, fue elegido como uno de estos primeros diáconos, desempeñando su misión con amor y justicia.

Además de su labor caritativa, Esteban fue un ferviente predicador del evangelio. Hablaba con pasión y elocuencia sobre Jesús como el Mesías y desafiaba las interpretaciones tradicionales de la ley Mosaica, lo que le valió la admiración de algunos y la oposición de muchos.

Los líderes religiosos judíos, preocupados por el impacto de sus enseñanzas, lo acusaron de blasfemia contra Dios, Moisés y el templo. Fue arrestado y llevado ante el Sanedrín, el consejo religioso supremo, para enfrentar un juicio.

Durante su juicio, Esteban presentó un poderoso discurso, registrado en Hechos 7. Repasó la historia del pueblo de Israel, destacando cómo habían resistido repetidamente a los mensajeros de Dios. Denunció la hipocresía y la dureza de corazón de los líderes religiosos, señalándolos como responsables de la muerte de Jesús, el justo.

Su valentía enfureció a los miembros del Sanedrín. Lleno del Espíritu Santo, Esteban tuvo una visión celestial en la que vio a Jesús a la derecha de Dios.

Declaró: "Veo los cielos abiertos y al Hijo del Hombre de pie a la diestra de Dios" (Hechos 7:56). Estas palabras intensificaron la ira de la multitud, que lo sacó de la ciudad y lo apedreó hasta la muerte.

Incluso en sus últimos momentos, Esteban mostró un espíritu de misericordia y perdón, clamando: "Señor, no les tomes en cuenta este pecado" (Hechos 7:60). Su oración reflejó las palabras de Jesús en la cruz y subrayó su carácter como discípulo fiel.

El martirio de San Esteban tuvo un profundo impacto en la comunidad cristiana. Fue un testimonio de la valentía que inspiró la fe en Cristo y marcó el comienzo de una serie de persecuciones que dispersaron a los creyentes fuera de Jerusalén, ayudando paradójicamente a expandir el evangelio a otras regiones.

Entre los testigos de su muerte estaba Saulo de Tarso (más tarde conocido como San Pablo), quien inicialmente perseguía a los cristianos. El ejemplo de Esteban y su oración por sus verdugos probablemente influyeron en la futura conversión de Saulo, quien se convirtió en uno de los más grandes evangelizadores del cristianismo.

San Esteban es honrado como el protomártir, el primero en dar su vida por la fe cristiana. Su festividad se celebra el 26 de diciembre en la Iglesia Católica y otras tradiciones cristianas, justo después de la Navidad, como recordatorio del sacrificio y el compromiso que implica seguir a Cristo.

Se le representa tradicionalmente con vestiduras de diácono y sosteniendo una piedra, símbolo de su martirio, ya menudo acompañado por una palma, que representa la victoria de los mártires.

San Esteban encarna la valentía de proclamar la verdad sin temor a las consecuencias, la humildad de servir a los demás y la capacidad de perdonar incluso en medio del sufrimiento. Su ejemplo nos inspira a vivir con integridad, a defender nuestras creencias y a confiar en la misericordia divina en todas las circunstancias.

Como primer mártir cristiano, Sanj"steb'n abrió el camino para innumerables hombres y mujeres que, a lo largo de los siglos, han ofrecido sus vidas por la fe. Su testimonio sigue siendo una fuente de fortaleza y esperanza para los creyentes en todo el mundo.

10. Santa Perpetua y Santa Felicidad: Mártires de Fe y Esperanza en Cartago

Santa Perpetua y Santa Felicidad son dos mártires cristianas del siglo III cuyo sacrificio y valentía dejaron una huella imborrable en la historia del cristianismo. Su historia, narrada en La Pasión de Perpetua y Felicidad, es uno de los relatos más conmovedores y detallados sobre el martirio en la Iglesia primitiva. Su entrega inquebrantable y la fortaleza con la que enfrentaron la muerte las convirtieron en símbolos de fe, esperanza y amor a Dios.

Perpetua y Felicidad vivieron durante el reinado del emperador romano Septimio Severo, quien, a pesar de haber sido inicialmente tolerante, promulgó en el año 202 un edicto que prohibía las conversiones al cristianismo y al judaísmo. Este decreto dio lugar a intensas persecuciones contra los cristianos, especialmente en las provincias del norte de África, como Cartago, donde estas mujeres vivieron y fueron martirizadas.

Perpetua era una mujer joven, noble y bien educada, nacida en una familia acomodada de Cartago. A sus 22 años, era esposa y madre de un bebé recién nacido. A pesar de pertenecer a una sociedad pagana, decidió abrazar la fe cristiana, consciente de los riesgos que esto implicaba.

Perpetua dejó un testimonio escrito de su experiencia en prisión, convirtiéndose en una de las primeras escritoras cristianas. Su diario, que constituye la mayor parte de La Pasión de Perpetua y Felicidad, relata con claridad y emotividad los momentos de su encarcelamiento, sus visiones espirituales y su confianza en la promesa de la vida eterna.

Felicidad era una esclava joven, compañera cristiana de Perpetua, que también fue arrestada por su fe. Al momento de su encarcelamiento, estaba embarazada y enfrentó un sufrimiento adicional debido a su estado. Según las leyes romanas, no se podía ejecutar a una mujer embarazada, por lo que Felicidad oró para dar a luz antes del día de su martirio.

Su oración fue escuchada, y poco antes de ser llevada al anfiteatro, Felicidad dio a luz a una niña, quien fue adoptada y criada por cristianos locales. La valentía de Felicidad, una esclava que enfrentó su destino con la misma dignidad y fe que Perpetua, subraya la igualdad de todos los creyentes en Cristo, independientemente de su posición social.

Perpetua, Felicidad y otros tres cristianos —Saturo, Revocato y Secúndulo— fueron arrestados mientras se preparaban para el bautismo. Fueron encarcelados en condiciones extremas: celdas oscuras, húmedas y abarrotadas.

Perpetua relata en su diario cómo su padre, un hombre pagano, intentó persuadirla para que renunciara a su fe y así salvar su vida. Sin embargo, Perpetua respondió con firmeza, declarando que su identidad como cristiana era inseparable de su ser, como lo es un vaso de barro de su naturaleza.

El 7 de marzo del año 203, Perpetua, Felicidad y sus compañeros fueron llevados al anfiteatro de Cartago como parte de un espectáculo público para celebrar el cumpleaños del emperador. Fueron sometidos a torturas brutales, atacados por animales salvajes y finalmente ejecutados por gladiadores.

Según el relato, Perpetua y Felicidad enfrentaron su muerte con serenidad y fe, animándose mutuamente y fortaleciendo a sus compañeros hasta el último momento. Perpetua guio con calma la espada del verdugo hacia su cuello, demostrando una paz sobrenatural y una completa confianza en Dios.

La historia de Santa Perpetua y Santa Felicidad se convirtió en una inspiración para los cristianos perseguidos, simbolizando la fortaleza de la fe frente a las pruebas más duras. Fueron veneradas desde los primeros siglos del cristianismo, y su festividad se celebra el 7 de marzo en el calendario litúrgico.

Su testimonio también sirvió para consolidar la idea de igualdad en Cristo, mostrando cómo mujeres de diferentes clases sociales —una noble y una esclava— podían compartir la misma fe y destino con igual dignidad.

Perpetua y Felicidad nos enseñan el valor de la fe y la importancia de mantenernos firmes en nuestras convicciones, incluso frente a las adversidades más extremas. Su martirio refleja el poder transformador del amor a Dios, que supera el miedo, las diferencias sociales y la muerte misma.

Hoy, Santa Perpetua y Santa Felicidad son recordadas como modelos de fortaleza espiritual y testigos del amor incondicional a Dios. Su historia sigue inspirando a creyentes de todas las épocas a vivir con valentía, esperanza y fidelidad a sus principios más profundos.

11. San Ignacio de Antioquía: Pastor y mártir de la Fe Cristiana

San Ignacio de Antioquía, también conocido como Ignacio el Teóforo, fue un destacado líder de la Iglesia primitiva y una figura clave en el desarrollo del cristianismo temprano. Su vida y martirio ejemplifican la fidelidad inquebrantable y la entrega total al mensaje de Cristo. Martirizado en el Coliseo romano alrededor del año 107 dC, su sacrificio sigue siendo fuente de inspiración para millones de creyentes.

San Ignacio nació en el siglo I en Siria, en una familia probablemente cristiana. Fue discípulo directo de los apóstoles Pedro y Juan, lo que lo convirtió en un vínculo viviente entre los apóstoles de Cristo y las generaciones posteriores de creyentes.

Hacia el año 69 dC, Ignacio fue nombrado obispo de Antioquía, una de las comunidades cristianas más importantes y una de las primeras en donde los seguidores de Jesús fueron llamados "cristianos". Como obispo, Ignacio fue un líder espiritual comprometido, guiando a su comunidad en tiempos de persecución y consolidando la organización de la Iglesia.

San Ignacio es célebre por las siete cartas que escribió mientras era llevado a Roma para su ejecución. Estas epístolas, dirigidas a varias comunidades cristianas, ofrecen una profunda visión de la teología, la eclesiología y la espiritualidad cristiana.

En sus cartas, Ignacio enfatizó:

- La unidad de la Iglesia bajo el liderazgo de los obispos, presbíteros y diáconos, como una manifestación de la voluntad de Cristo.

- La Eucaristía como el "remedio de la inmortalidad" y el corazón de la vida cristiana.
- La aceptación del martirio como una forma de unirse plenamente a Cristo en su pasión y resurrección.

Ignacio también refutó las herejías emergentes, como el docetismo, que negaban la humanidad de Jesús, defendiendo firmemente la doctrina de la encarnación.

Durante el reinado del emperador Trajano, que intensificó la persecución contra los cristianos, Ignacio fue arrestado en Antioquía por negarse a renunciar a su fe y a no ofrecer sacrificios a los dioses romanos. Fue condenado a ser llevado a Roma para ser ejecutado en el Coliseo.

A lo largo de su viaje a Roma, Ignacio escribió sus famosas cartas a las comunidades cristianas de Asia Menor y Grecia, así como a la Iglesia de Roma. En ellas, pidieron a los cristianos que no intentaran salvarlo, ya que deseaba abrazar el martirio como un acto supremo de unión con Cristo.

En una de sus cartas más conmovedoras, dirigida a los romanos, Ignacio escribió:

"Soy trigo de Dios; debo ser molido por los dientes de las fieras para convertirme en el pan puro de Cristo".

Estas palabras reflejan su disposición a ofrecer su vida como un sacrificio voluntario y su fe en la vida eterna.

Al llegar a Roma, Ignacio fue llevado al Coliseo, donde fue arrojado a las fieras como parte de un espectáculo público. Según las tradiciones, enfrentó su muerte con serenidad y valentía, orando mientras los animales lo devoraban.

Su martirio no solo fue un acto de entrega total a Dios, sino también un testimonio poderoso que fortaleció la fe de los cristianos perseguidos en Roma y en todo el Imperio.

San Ignacio de Antioquía es considerado uno de los Padres Apostólicos, un grupo de líderes de la Iglesia primitiva que mantuvo una conexión directa con los apóstoles. Su legado incluye:

•	Ignacio fue uno de los primeros en articular la importancia de la estructura jerárquica de la Iglesia, sentando las bases de la eclesiología católica y ortodoxa.

•	Sus enseñanzas sobre el sacramento de la Eucaristía han influido profundamente en la teología cristiana.

•	Su disposición a enfrentar la muerte con gozo y esperanza ha inspirado a innumerables mártires y creyentes a lo largo de los siglos.

San Ignacio es venerado como un mártir y santo en las tradiciones católica, ortodoxa y anglicana. Su festividad se celebra el 17 de octubre. Sus reliquias fueron trasladadas a Antioquía después de su martirio y más tarde a Roma.

En el arte, se le representa frecuentemente con leones o rodeado de fieras, simbolizando su martirio en el Coliseo.

San Ignacio de Antioquía nos recuerda la importancia de la fidelidad a nuestras creencias, incluso en los momentos más difíciles. Su vida nos enseña que el sufrimiento y el sacrificio, cuando se ofrecen con amor y fe, pueden ser una fuente de transformación espiritual tanto personal como comunitaria.

Como "trigo de Dios", San Ignacio se convirtió en pan espiritual para la Iglesia, nutriendo a generaciones de creyentes con su ejemplo de santidad y entrega total al amor de Cristo. Su testimonio sigue siendo una luz para quienes buscan vivir con fe, esperanza y valentía.

12.   Santa Bárbara: Mártir de Fe y Esperanza en tiempos de persecución

Santa Bárbara es una de las mártires cristianas más veneradas, conocida por su valentía y resistencia frente a la persecución por su fe. Aunque los detalles históricos de su vida son inciertos, su leyenda ha inspirado a creyentes durante siglos, y su devoción se ha extendido tanto en la tradición cristiana ortodoxa como en la católica.

Se cree que Santa Bárbara vivió en el siglo III dC, durante el período de persecuciones romanas contra los cristianos. Según la tradición, nació en Nicomedia (actual Turquía) o Heliópolis (actual Líbano), en una familia pagana de alta posición social. Su padre, Dióscoro, era un hombre autoritario y fervientemente adherido a las prácticas religiosas paganas.

A pesar de vivir en un ambiente hostil al cristianismo, Bárbara se convirtió al cristianismo en secreto. Su fe profunda la llevó a rechazar las creencias de su padre y abrazar las enseñanzas de Jesús, aunque sabía que esta decisión podía costarle la vida.

Dióscoro, deseoso de proteger a Bárbara de las influencias externas y de preservar su belleza, decidió encerrarla en una torre aislada. Sin embargo, este aislamiento fortaleció su relación con Dios. Se dice que, al observar la naturaleza desde su torre, Bárbara reconoció la obra divina en la creación y encontró consuelo en la oración y la reflexión espiritual.

Cuando su padre planeó casarla con un noble pagano, Bárbara se opuso firmemente, declarando su compromiso con Cristo. Fue entonces cuando Dióscoro descubrió su conversión al cristianismo y, furioso por lo que consideraba una traición, la entregó a las autoridades romanas.

Bárbara fue sometida a brutales torturas para obligarla a renunciar a su fe. Según la tradición, fue flagelada, quemada y mutilada, pero permaneció firme en su devoción a Dios. Durante su encarcelamiento, se le atribuyen milagros, como la sanación de sus heridas cada noche gracias a su fervorosa oración.

Finalmente, su padre, Dióscoro, en un acto de extrema crueldad, se ofreció a ejecutar personalmente la sentencia de muerte. Bárbara fue decapitada por su propio padre, quien, según la leyenda, fue alcanzada por un rayo inmediatamente después de cometer el acto, como señal del juicio divino.

Santa Bárbara es recordada como un símbolo de resistencia espiritual y valor ante la adversidad. Su historia se difundió rápidamente, y su veneración se inició en la Iglesia cristiana tanto en Oriente como en Occidente.

Es la patrona de:

•	Los artilleros, ingenieros y mineros, debido a la tradición que asocia su martirio con el fuego y los rayos.

•	Las personas en peligro de muerte repentina, a quienes se le invoca para protección.

Su festividad se celebra el 4 de diciembre en el calendario litúrgico católico y ortodoxo. En el arte, Santa Bárbara suele ser representada con una torre, una espada (por su martirio), un cáliz (como símbolo de su fe) y rayos que evocan el castigo divino hacia su padre.

Santa Bárbara nos inspira a permanecer fieles a nuestras convicciones, incluso cuando enfrentamos oposición o sufrimiento. Su historia nos recuerda que la fe puede ser una fuente de fortaleza y esperanza en los momentos más oscuros.

Hoy en día, Santa Bárbara sigue siendo un faro de inspiración para quienes buscan vivir con coraje y amor por Dios, enfrentando los desafíos de la vida con dignidad y confianza en la promesa de la vida eterna. Su legado perdura como un ejemplo de sacrificio y devoción inquebrantable.

EL ISLAM: ORÍGENES, DOCTRINA Y LA RELACIÓN CON LOS SANTOS Y MÁRTIRES

El Islam es una de las religiones más grandes del mundo, con más de mil 800 millones de seguidores. Su origen se remonta al siglo VII en la región de la Península Arábiga, cuando el profeta Mahoma (Muhammad) comenzó a recibir revelaciones divinas que más tarde serían recopiladas en el Corán, el texto sagrado del Islam. Los musulmanes consideran a Mahoma como el último profeta de una serie de profetas que incluyó a figuras como Adán, Abraham, Moisés, y Jesús. El mensaje de Mahoma, considerado un restaurador del monoteísmo puro, afirmaba la existencia de un único Dios, Alá, y promovía la sumisión total a su voluntad.

El Islam nació en el siglo VII en la ciudad de La Meca, actual Arabia Saudita. Mahoma, un comerciante nacido en el 570 d.C., comenzó a recibir revelaciones de Alá a la edad de 40 años, que duraron durante los siguientes 23 años de su vida. Estas revelaciones fueron transmitidas oral y posteriormente compiladas en el Corán. La predicación de Mahoma desató tensiones con las autoridades politeístas de La Meca, lo que llevó a su persecución y eventual emigración a Medina en el 622 d.C., un evento conocido como la Hégira, que marca el inicio del calendario islámico.

Con el tiempo, Mahoma unió las tribus árabes bajo la fe islámica, y el Islam se expandió rápidamente por la Península Arábiga. Tras la muerte de Mahoma en el 632 d.C., el Islam continuó su expansión bajo los califas (líderes sucesores de Mahoma), extendiéndose por Asia, África y Europa.

La doctrina del Islam se basa en los Cinco Pilares del Islam, que son los fundamentos de la vida religiosa de todo musulmán:

• Shahada (Fe): La declaración de fe, que establece que "No hay más dios que Alá, y Mahoma es su mensajero."

• Salat (Oración): Los musulmanes deben rezar cinco veces al día.

• Zakat (Caridad): La obligación de dar una parte de los ingresos a los más necesitados.

• Sawm (Ayuno): El ayuno durante el mes de Ramadán, absteniéndose de comida, bebida y otras necesidades durante el día.

• Hajj (Peregrinación): La obligación de realizar una peregrinación a La Meca al menos una vez en la vida si se tienen los medios para hacerlo.

El Islam enfatiza la sumisión a la voluntad de Alá y la importancia de vivir una vida de justicia, paz y devoción. Los musulmanes creen que Mahoma es el último profeta y que el Corán es la última revelación divina, completa y perfecta, que guía todas las áreas de la vida.

En el Islam, el concepto de santidad se entiende de manera diferente a otras religiones. En lugar de venerar a los santos de la manera en que lo hace el cristianismo, los musulmanes honran a aquellos que han vivido vidas de piedad, devoción y sacrificio, como los compañeros de Mahoma y figuras prominentes de la historia islámica. Entre estos, destacan los Imanes de la tradición chiita, como Imán Ali, primo y yerno de Mahoma, y su hijo Imán Huséin, quienes son considerados modelos de virtud y sacrificio.

El martirio ocupa un lugar central en la espiritualidad islámica, especialmente para los musulmanes chiitas. Uno de los episodios más significativos en la historia del martirio islámico es la Batalla de Karbala en el 680 d.C., donde Imán Huséin, nieto de Mahoma, fue asesinado junto a su familia y seguidores por negarse a jurar lealtad a un califa opresor. Su sacrificio se celebra anualmente durante el Ashura, una festividad de duelo y reflexión en la que los musulmanes chiitas recuerdan su martirio y su lucha por la justicia y la verdad.

En el Islam sunita, el martirio también es altamente venerado, aunque el concepto de mártir tiene una connotación más amplia. Los mártires son aquellos que luchan en la yihad (esfuerzo o lucha por la causa de Alá), ya sea en defensa de la fe, en situaciones de injusticia o en el contexto de la guerra santa. Los mártires islámicos son vistos como personas que han alcanzado el paraíso por su sacrificio y su fidelidad a Alá.

El Islam, con su mensaje de monoteísmo absoluto y sumisión a la voluntad de Alá, ha influido profundamente en las culturas y sociedades a lo largo de la historia. Los santos y mártires islámicos representan el ideal de sacrificio y devoción por la fe, y su legado sigue siendo una fuente de inspiración para millones de musulmanes en todo el mundo.

13.   Imán Huséin: El Mártir de Karbala y símbolo de justicia en el Islam

Imán Huséin ibn Ali, nieto del profeta Mahoma, es una figura central en el Islam, especialmente en el chiísmo, donde es venerado como el "Príncipe de los Mártires". Su sacrificio en la batalla de Karbala en el año 680 dC se ha convertido en un símbolo eterno de lucha contra la opresión y de defensa de los principios de justicia y dignidad.

Huséin nació en el año 626 dC en Medina, Arabia, como el segundo hijo de Alí ibn Abi Tálib y Fátima az-Zahra, la hija del profeta Mahoma. Creció en el seno de la familia del Profeta, rodeado de enseñanzas espirituales y valores éticos, lo que marcó profundamente su carácter.

Huséin y su hermano mayor, Hasán, fueron amados y respetados por la comunidad musulmana debido a su linaje y virtudes. El profeta Mahoma los mencionó en varias ocasiones, describiéndolos como líderes de los jóvenes del Paraíso y destacando su importancia en la continuidad de su mensaje.

Tras la muerte del profeta Mahoma, la comunidad musulmana se dividió sobre la sucesión del liderazgo. Este conflicto se intensificó con el ascenso de la dinastía omeya al poder, bajo el califato de Yazid ibn Muawiya. Yazid buscaba consolidar su autoridad exigiendo lealtad de Huséin, un acto que este último consideró incompatible con los principios del Islam, ya que Yazid era visto como un gobernante corrupto y opresivo.

Huséin, como líder moral y espiritual, se negó a prestar juramento de lealtad, declarando que no podía legitimar un régimen que traicionaba los valores del Islam. Su decisión lo convirtió en el líder de la resistencia frente a la tiranía omeya.

En el año 680 dC, Huséin y su familia aprendieron un viaje desde Medina a Kufa, donde había recibido cartas de apoyo de musulmanes prometiendo lealtad. Sin embargo, al llegar a la llanura de Karbala, en el actual Irak, su pequeño grupo fue rodeado por un numeroso ejército enviado por Yazid.

Huséin, junto con 72 de sus seguidores, incluidos familiares cercanos, se enfrentó a la difícil decisión de someterse al califa o resistir, sabiendo que la resistencia llevaría a su muerte. Eligió mantenerse fiel a sus principios, afirmando:

"Prefiero morir con honor que vivir en humillación".

El 10 de Muharram, conocido como el Día de Ashura, Huséin y sus compañeros fueron masacrados tras una feroz batalla. Huséin fue asesinado brutalmente y su cuerpo decapitado. Las mujeres y niños de su caravana fueron tomados prisioneros y llevados a Damasco.

El sacrificio de Huséin en Karbala es visto no solo como una tragedia histórica, sino como un acto trascendental de resistencia contra la injusticia. Su martirio marcó profundamente la historia del Islam y desarrolló un modelo de lucha por la verdad y la justicia.

Para los musulmanes chiitas, Huséin es un modelo de fe, paciencia y valor. Su historia es conmemorada cada año durante el mes de Muharram, particularmente el Día de Ashura, con rituales de duelo, procesiones y reflexiones sobre la importancia de la justicia.

La historia de Karbala trasciende divisiones sectarias y religiosas, resonando como un recordatorio universal de la necesidad de defender la verdad frente a la opresión.

El sacrificio de Huséin es interpretado como un llamado a los creyentes de todas las épocas a mantenerse firmes en sus principios, incluso en circunstancias adversas. Sus palabras y acciones siguen siendo un faro de inspiración para los movimientos de justicia social, libertad y resistencia contra la tiranía.

Imán Huséin sacrificó su vida y la de sus seres queridos no por ambiciones políticas, sino por preservar los valores éticos y espirituales del Islam. Su legado, inmortalizado en la batalla de Karbala, continúa inspirando a millones de personas en su búsqueda de justicia, dignidad y verdad.

Su martirio no solo representa la tragedia de su época, sino también la esperanza de que los ideales de justicia y rectitud prevalecerán, incluso frente a las mayores adversidades.

14. Sumayyah bint Khabbat: La primera mártir del Islam

Sumayyah bint Khabbat ocupa un lugar especial en la historia del Islam como la primera persona en sacrificar su vida por la fe. Su martirio simboliza la fortaleza y el compromiso inquebrantable de los primeros musulmanes frente a la persecución. Aunque su vida estuvo marcada por el sufrimiento, su legado perdura como un ejemplo de valentía, paciencia y devoción.

Sumayyah nació en La Meca y pertenecía a una familia humilde. Era esclava de Abu Hudhayfah, un noble de la tribu de Quraysh, y posteriormente se casó con Yasir ibn Amir, un inmigrante yemení. Juntos tuvieron un hijo, Ammar ibn Yasir, quien también se convertiría en una destacada figura de la historia islámica.

Cuando el profeta Mahoma comenzó a predicar el Islam en La Meca, Sumayyah y su familia fueron de los primeros en aceptar la nueva fe. En un momento donde el Islam era rechazado por la élite de Quraysh, esta decisión los expuso a una intensa persecución debido a su condición de esclavos y su falta de protección tribal.

Sumayyah, Yasir y Ammar fueron arrestados y sometidos a brutales torturas por orden de Abu Yahl, uno de los líderes de Quraysh. Se les exigía que renunciaran al Islam y regresaran a las prácticas paganas de sus ancestros, pero se mantuvieron firmes en su fe.

Sumayyah soportó castigos inimaginables, incluyendo la exposición al calor abrasador del desierto y flagelaciones. A pesar del dolor, nunca renegó de su fe ni de su amor por el mensaje del profeta Mahoma. Su valentía irritó aún más a sus captores.

Finalmente, en un acto de crueldad extrema, Abu Yahl la asesinó atravesándola con una lanza, convirtiéndola en la primera mártir del Islam.

El martirio de Sumayyah no fue en vano. Su sacrificio se convirtió en un símbolo de la lucha por la justicia y la libertad de creencias. El profeta Mahoma, profundamente conmovido por la valentía de Sumayyah y su familia, los elogió públicamente, asegurándoles el Paraíso como recompensa por su sufrimiento.

Sumayyah representa:

"La fortaleza de los humildes": Su sacrificio destaca cómo los primeros musulmanes, a menudo pobres y sin poder, fueron los portadores iniciales del mensaje islámico. "Inspiración para generaciones futuras": Su historia ha inspirado a millones de musulmanes a perseverar en la fe, incluso en circunstancias difíciles. "Símbolo de igualdad": Aunque era mujer y esclava, su lugar como primera mártir muestra la importancia de todos los creyentes en la comunidad islámica, independientemente de su género o estatus social.

La historia de Sumayyah bint Khabbat se recuerda en la comunidad musulmana como un recordatorio de las raíces del Islam y de los sacrificios hechos por quienes establecieron su fundación. Su firmeza ante la opresión y su resistencia ante la injusticia la convierten en un modelo para quienes enfrentan desafíos por sus creencias o principios.

Su legado trasciende su tiempo, enseñando que la fe y la convicción no pueden ser destruidas por la fuerza. Para los musulmanes de todo el mundo, Sumayyah es un faro de esperanza y un ejemplo de cómo el sacrificio personal puede fortalecer la comunidad y preservar los valores más altos de la humanidad.

El martirio de Sumayyah no solo marcó el comienzo de una era de sacrificio y fe en el Islam, sino que también demuestra que el coraje y la devoción trascienden las barreras de género, estatus y tiempo. Su historia sigue viva, recordándonos el poder del compromiso con la verdad y la justicia.

15.   Ali ibn Abi Tálib: El león de Dios y el faro de justicia

Ali ibn Abi Tálib, primo y yerno del profeta Mahoma, es una de las figuras más importantes y veneradas del Islam. Reconocido por su sabiduría, valentía y devoción espiritual, Ali dejó un legado que trasciende las divisiones sectarias y continúa inspirando a musulmanes de todo el mundo. Como el cuarto califa del Islam y el primer imán según la tradición chiita, su vida estuvo marcada por el sacrificio personal, la defensa de la justicia y su compromiso con los valores del Islam.

Ali nació alrededor del año 600 dC en La Meca, en el seno de la influyente tribu de Quraysh. Su padre, Abu Tálib, era el tío del profeta Mahoma, quien cuidó de Mahoma tras quedar huérfano. Ali creció en el mismo hogar que el Profeta, desarrolló una estrecha relación con él y absorbiendo los valores éticos y espirituales que Mahoma transmitía.

Ali fue el primer hombre joven en aceptar el Islam cuando Mahoma comenzó a recibir revelaciones divinas. Su conversión temprana y su apoyo incondicional al mensaje del Profeta le valieron un lugar especial entre los primeros musulmanes.

Uno de los episodios más emblemáticos del sacrificio de Ali ocurrió durante la Hijra, la emigración de Mahoma y sus seguidores de La Meca a Medina para escapar de la persecución. Cuando los líderes de Quraysh planearon asesinar a Mahoma, Ali se ofreció a dormir en la cama del Profeta para engañar a los conspiradores, arriesgando su propia vida. Este acto permitió que Mahoma escapara con seguridad y marcó un ejemplo de valentía y lealtad absoluta.

Ali fue conocido como un guerrero formidable y un líder estratégico en las batallas que marcaron los primeros años del Islam. Participó en importantes enfrentamientos como Badr, Uhud y Khandaq, ganándose el apodo de Asadullah (el León de Dios). Su valentía en el campo de batalla fue igualada solo por su compasión hacia los prisioneros y su dedicación a los valores éticos, incluso en tiempos de guerra.

En el año 656 dC, Ali fue elegido como el cuarto califa del Islam tras el asesinato de Uthmán ibn Affán. Su califato se desarrolló en un período de intensas divisiones internas dentro de la comunidad musulmana. A pesar de los desafíos, Ali intentó gobernar con justicia y equidad, enfatizando la importancia de la ética islámica en el liderazgo.

Ali enfrentó rebeliones y conflictos, incluida la batalla de Siffín y la batalla del Camello, pero siempre buscó resolver las disputas con sabiduría y evitar derramamientos de sangre innecesarios.

El 19 de Ramadán del año 661 dC, Ali fue atacado mientras oraba en la mezquita de Kufa (en el actual Irak) por un miembro de los jariyíes , una facción extremista que se oponía a su liderazgo. Murió dos días después, convirtiéndose en un mártir de la fe y el ejemplo más alto de sacrificio por la unidad y los valores del Islam.

Ali ibn Abi Tálib dejó un impacto profundo en la historia islámica y en la espiritualidad de millones:

Sus discursos, cartas y dichos, recopilados en obras como el Nahj al-Balagha (El Sendero de la Elocuencia), son una fuente de guía moral, espiritual y política.

Su vida es un recordatorio de que el liderazgo debe basarse en la justicia, la humildad y la protección de los derechos de los más vulnerables.

Para los chiitas, Ali es el primer imán y una figura central de su fe. Para los sunitas, es un califa justo y un cercano compañero del Profeta. Su vida inspira la reconciliación y la unidad dentro del Islam.

Ali ibn Abi Tálib es recordado no solo como un líder político y militar, sino como un modelo de devoción espiritual, sabiduría y sacrificio. Su vida y su martirio nos enseñan que los ideales de justicia, verdad y servicio a la humanidad deben defenderse incluso frente a las mayores adversidades.

Ali sigue siendo un faro de inspiración para quienes buscan justicia y verdad en un mundo lleno de desafíos. Su legado, inmortalizado en la memoria colectiva del Islam, resuena como un llamado a la acción ética y la fe inquebrantable.

16. Ammar ibn Yasir: Un compañero inquebrantable y mártir del Islam

Ammar ibn Yasir fue uno de los compañeros más cercanos del profeta Mahoma y una figura destacada en los primeros días del Islam. Conocido por su fe inquebrantable y su disposición al sacrificio, Ammar enfrentó persecuciones brutales y adversidades por su compromiso con el mensaje islámico. Su vida es un testimonio de perseverancia, valor y lealtad, dejando un legado imborrable en la historia del Islam.

Ammar nació en La Meca en una familia humilde. Era hijo de Yasir ibn Amir, un inmigrante yemení, y Sumayyah bint Khabbat, quienes también aceptaron el Islam en sus primeras etapas. Su familia fue una de las primeras en abrazar la fe islámica, un acto de valentía que los convirtió en blancos de intensas persecuciones por parte de los líderes de Quraysh.

Ammar y su familia, por no tener la protección de una tribu poderosa, fueron sometidos a torturas inhumanas para obligarlos a abandonar el Islam. Aunque las pruebas fueron extremas, la familia Yasir se mantuvo firme en su fe. Su madre, Sumayyah, fue asesinada brutalmente, convirtiéndose en la primera mártir del Islam, seguida por su padre Yasir.

Ammar sobrevivió a estas persecuciones, pero el dolor de perder a sus padres y las constantes amenazas no hicieron mella en su fe.

Tras emigrar a Medina junto con otros musulmanes en la Hijra , Ammar se convirtió en un defensor activo del

Islam. Participó en varias de las batallas más importantes del Islam temprano, como las batallas de Badr, Uhud y Khandaq, demostrando valentía en el campo de batalla y lealtad al profeta Mahoma.

Además de su habilidad como guerrero, Ammar fue reconocido por su espiritualidad, conocimiento y compromiso con la justicia. El profeta Mahoma lo elogió en varias ocasiones, afirmando que su fe era un ejemplo para los demás musulmanes. En una tradición conocida, el Profeta dijo:

"Ammar estará siempre con la verdad y la verdad estará con Ammar".

Después de la muerte del profeta Mahoma, Ammar se mantuvo fiel a los valores fundamentales del Islam, incluso en medio de divisiones políticas. Apoyó a Ali ibn Abi Tálib durante su califato y participó en la batalla de Siffín (657 dC), un conflicto entre las fuerzas de Ali y Muawiya, gobernador de Siria. Ammar luchó con determinación, creyendo que estaba defendiendo la justicia y la unidad de la comunidad musulmana.

Durante la batalla de Siffín, Ammar, que ya era un anciano, cayó luchando en defensa de los ideales del Islam. Su muerte fue un momento crucial en la historia islámica, ya que cumplió una profecía hecha por el profeta Mahoma, quien había predicho que Ammar sería asesinado por un grupo injusto.

El martirio de Ammar reforzó la legitimidad del liderazgo de Ali entre muchos musulmanes y destacó la importancia de mantenerse firme en la verdad, incluso cuando las circunstancias son difíciles.

La vida de Ammar ibn Yasir dejó un impacto profundo en la historia del Islam:

Su resistencia frente a la persecución y la pérdida personal lo convierte en un modelo de paciencia y fe.

Ammar defendió la verdad y la justicia hasta su último aliento, sirviendo como inspiración para generaciones de musulmanes.

Ammar es recordado como un símbolo de la lucha por mantener la ética y la espiritualidad en tiempos de conflicto político y social. Ammar ibn Yasir es una figura histórica que encarna los valores más elevados del Islam: fe, justicia y sacrificio. Desde su sufrimiento en los primeros días del Islam hasta su martirio en defensa de la verdad, su vida es un recordatorio poderoso de lo que significa comprometerse plenamente con los ideales espirituales y éticos.

Su historia sigue viva en la memoria de los musulmanes como un ejemplo de cómo la fe puede superar cualquier adversidad y como un llamado a defensor de la justicia, incluso a costa de la propia vida.

17. Fátimah bint Muhammad: La luz del Profeta y ejemplo de sacrificio

Fátimah bint Muhammad, hija del profeta Mahoma y su esposa Jadiya, ocupan un lugar central en la historia islámica como un símbolo de pureza, devoción y sacrificio. Reconocida por su carácter piadoso y su papel como madre de los imanes Hasan y Huséin, Fátimah dejó un legado duradero de espiritualidad y servicio a la humanidad. Su vida fue breve, pero rica en significado, y es venerada tanto por los musulmanes sunitas como chiitas como un modelo de fortaleza, amor y justicia.

Fátimah nació en La Meca alrededor del año 605 dC, en el seno de una familia marcada por la virtud y la espiritualidad. Siendo la hija menor de Mahoma y Jadiya, creció en un hogar lleno de amor y cuidado, y desde joven demostró una personalidad excepcionalmente compasiva y sabia.

A medida que Mahoma comenzó a recibir las revelaciones del Islam, Fátimah estuvo entre los primeros en apoyarlo. Su infancia no estuvo exenta de dificultades, ya que la familia enfrentó la persecución de los líderes de Quraysh por su creciente influencia. A pesar de esto, Fátimah se mantuvo firme, siendo un apoyo emocional constante para su padre.

En el año 622 dC, después de la emigración a Medina (Hijra), Fátimah se casó con Ali ibn Abi Tálib, primo del profeta Mahoma y uno de los primeros musulmanes. Su matrimonio fue un ejemplo de humildad y sencillez.

Aunque su hogar carecía de riqueza material, estaba lleno de amor, fe y dedicación al Islam.

Fátimah y Ali tuvieron cinco hijos: Hasan, Huséin, Zaynab, Umm Kulthum y Muhsin (quien falleció en la infancia). Sus hijos, especialmente Hasan y Huséin, jugarían un papel crucial en la historia islámica, y Fátimah apoyó un papel vital en su educación, inculcándoles valores de justicia, compasión y lealtad a la fe.

La vida de Fátimah estuvo marcada por el sacrificio constante. Como madre, esposa e hija, se dedicó al servicio de su familia y la comunidad musulmana. Soportó las dificultades económicas y sociales con paciencia, renunciando a los lujos para vivir una vida de simplicidad, acorde con los principios islámicos.

Después de la muerte de su padre en el año 632 dC, Fátimah se enfrentó a un período de intensa tristeza y desafíos políticos. Estuvo profundamente afectado por las disputas sobre el liderazgo de la comunidad musulmana, defendiendo los derechos de su esposo, Ali, como legítimo sucesor del profeta Mahoma.

Enfrentó una controversia sobre la herencia de la propiedad de Fadak, una tierra que le fue otorgada por su padre. Fátimah abogó por la justicia, pero su petición fue rechazada, lo que simbolizó las tensiones políticas de la época.

Fátimah falleció solo unos meses después de la muerte de su padre, a los 18 o 29 años (según diferentes relatos). Según las tradiciones chiitas, su muerte estuvo relacionada con las tensiones políticas y físicas que sufrió tras los acontecimientos posteriores a la muerte del Profeta. Fue enterrada en secreto por deseo propio, y hasta el día de hoy, la ubicación exacta de su tumba sigue estando incierta.

Fátimah bint Muhammad dejó un legado duradero que ha resonado a lo largo de los siglos:

Su vida sencilla y llena de sacrificios es un ejemplo para los musulmanes de cómo vivir de acuerdo con los valores islámicos.

Su defensa de los derechos de su familia y su lucha por la equidad la convierten en un símbolo de resistencia frente a la injusticia.

Fátimah es conocida como la madre de los imames de la línea chiita, siendo Hasan y Huséin figuras centrales en esta tradición.

Se la conoce como Al-Zahra (La Resplandeciente) y Sayyidat Nisa al-Alamin (Señora de las Mujeres del Mundo), títulos que subrayan su importancia espiritual y moral en el Islam.

En la tradición chiita, Fátimah es venerada como una figura central junto con su esposo, Ali, y sus hijos. Su vida inspira la lucha por la justicia social y la devoción religiosa. En el Islam sunita, también se la respeta profundamente como una mujer ejemplar y la hija amada del profeta Mahoma.

Las enseñanzas y la historia de Fátimah continúan siendo una fuente de inspiración para musulmanes de todo el mundo, registrando el poder de la paciencia, la dedicación y la fe inquebrantable frente a las adversidades.

Fátimah bint Muhammad no solo fue una hija devota y una madre amorosa, sino también un faro de fortaleza espiritual y justicia. Su sacrificio y legado trascienden el tiempo, mostrando cómo una vida dedicada a la fe y al servicio puede influir y enriquecer a generaciones enteras.

EL JUDAÍSMO: ORÍGENES, DOCTRINA Y LA RELACIÓN CON LOS SANTOS Y MÁRTIRES

El Judaísmo es una de las religiones monoteístas más antiguas del mundo con una historia que se extiende por más de 3,000 años. Considerado como la raíz de las religiones abrahámicas, el Judaísmo ha influido en el cristianismo y el islam. Su origen se encuentra en las figuras bíblicas de Abraham, quien, según la tradición judía, hizo un pacto con Dios, y Moisés, el líder que liberó a los israelitas de la esclavitud en Egipto y les dio la Torá, el conjunto de leyes divinas.

El Judaísmo comenzó como una tradición religiosa en el contexto de las antiguas tribus semíticas que vivían en la región de Canaán (actual Israel y Palestina). La figura clave en su fundación es Abraham, considerado el patriarca de los judíos. Según la Biblia, Dios hizo un pacto con Abraham, prometiéndole que sus descendientes serían una nación elegida. Este pacto se consolidó más tarde con Moisés, quien, guiado por

Dios, condujo a los israelitas desde la esclavitud en Egipto hasta la Tierra Prometida.

Durante el viaje por el desierto, Moisés recibió la Torá en el monte Sinaí, un conjunto de leyes y enseñanzas que constituyen el núcleo del Judaísmo. Estos principios no solo regulan la vida religiosa, sino también la moral y la conducta social de la comunidad judía. Con el tiempo, el Judaísmo se estableció como una religión basada en la creencia en un solo Dios, Yahvé, y en la obediencia a sus leyes.

La doctrina del Judaísmo se centra en la fe en un solo Dios, que es eterno, omnipotente y creador del universo. Los judíos creen que Dios reveló su voluntad a través de los profetas, y especialmente a través de la Torá, que es la ley divina escrita y transmitida a lo largo de las generaciones. Además de la Torá, los judíos siguen otros textos sagrados, como el Talmud, que son comentarios y enseñanzas rabínicas sobre las escrituras.

El Judaísmo también enfatiza la importancia de la justicia social, la misericordia, y el cumplimiento de los mandamientos dados por Dios. La observancia del Shabat (día de descanso), la práctica de la kashrut (leyes alimentarias), y la celebración de festividades como Pésaj (Pascua), Rosh Hashaná (Año Nuevo judío), y Yom Kipur (Día de la Expiación), son algunos de los pilares de la vida judía.

El concepto de santos en el Judaísmo no es tan prominente como en otras religiones, pero hay figuras sagradas que son profundamente veneradas, como Moisés, David, y los profetas. A lo largo de la historia, varios personajes han sido reconocidos por su profunda devoción a Dios y por su ejemplo de vida piadosa. Sin embargo, a diferencia del cristianismo o el islam, en el Judaísmo no existe una figura institucionalizada de santidad ni un proceso formal de canonización.

El martirio tiene un lugar destacado en la historia del Judaísmo, especialmente en el contexto de la opresión sufrida a lo largo de los siglos. Los mártires judíos son personas que han dado su vida por preservar su fe y sus principios, especialmente durante períodos de persecución como la Inquisición, las guerras cruzadas, y, sobre todo, el Holocausto. Los mártires de la destrucción del Templo de Jerusalén, como los seguidores de los macabeos, y los que lucharon contra la opresión romana, también son honrados por su sacrificio por la libertad religiosa.

Un ejemplo de mártir judío es Eliezer Ben Yair, quien, durante la Gran Revuelta Judía contra Roma, lideró una resistencia en la fortaleza de Masada. Ante la inevitable derrota, él y sus seguidores eligieron el suicidio colectivo en lugar de rendirse y ser esclavizados. Este acto de resistencia ha sido visto como un símbolo de valentía y fidelidad a la identidad judía.

Además, el Holocausto dejó una huella profunda en el Judaísmo moderno, y los judíos mártires de este genocidio son recordados y venerados como ejemplos de resistencia y fe en medio de la brutalidad y el sufrimiento. Cada año, durante el Día de Recordación del Holocausto (Yom HaShoah), los judíos honran a los seis millones de víctimas del régimen nazi, cuyas vidas fueron sacrificadas en nombre de la fe, la identidad y la dignidad humana.

18.   Hannah y sus siete hijos: Mártires judíos y símbolos de fe inquebrantable

Hannah y sus siete hijos, también conocidos como los Siete Mártires de Israel, son figuras emblemáticas del judaísmo, recordados por su sacrificio y fidelidad a la ley de Dios frente a la opresión y la muerte. Su historia, recogida en los textos de los Libros de los Macabeos y en la tradición rabínica, se ha convertido en un poderoso ejemplo de valentía espiritual y devoción absoluta.

La historia de Hannah y sus hijos tiene lugar en el siglo II aC, durante la persecución del rey Antíoco IV Epífanes, quien gobernaba el Imperio seléucida. Este monarca buscó imponer la cultura y religión helenísticas en los territorios bajo su dominio, incluidos Judea y el pueblo judío.

Antíoco prohibió la práctica de las leyes judías y trató de obligar a los judíos a abandonar su fe y adoptar costumbres paganas. Este período fue especialmente difícil para los observantes judíos, ya que se enfrentaban a torturas y ejecuciones si no renunciaban a sus tradiciones religiosas.

Según la narración, Hannah y sus siete hijos fueron arrestados y llevados ante Antíoco después de negarse a abandonar su fe. Fueron sometidos a torturas brutales y ejecutados uno por uno, mientras su madre presenciaba sus muertes.

El rey intentó persuadirlos para que comieran carne de cerdo, prohibida por la ley judía, como señal de su sumisión. Sin embargo, cada uno de los hijos se negó, reafirmando su lealtad a Dios y a las leyes de Moisés, incluso ante la amenaza de la muerte.

Uno a uno, los hijos expresan su fe y confianza en que Dios los recompensaría por su sacrificio. Cuando llegó el turno del hijo menor, Antíoco trató de manipular a Hannah, pidiéndole que convenciera a su hijo de renunciar a su fe. En lugar de hacerlo, Hannah animó a su hijo a permanecer firme, recordándole el honor de morir como un fiel seguidor de Dios.

Finalmente, el hijo menor fue ejecutado, seguido por Hannah, quien murió como una mártir después de ver la valentía de sus hijos.

La historia de Hannah y sus siete hijos se ha convertido en un relato profundamente conmovedor en el judaísmo, cargado de simbolismo y lecciones espirituales:

Hannah y sus hijos demostraron una lealtad absoluta a las leyes de Dios, incluso ante la persecución y la muerte. Su sacrificio destaca la importancia de la fidelidad a los principios religiosos.

Su valentía se convirtió en un ejemplo de resistencia espiritual frente a la tiranía y la imposición de prácticas contrarias a la fe judía.

La historia resalta el amor y la unidad de Hannah y sus hijos, quienes enfrentan juntos el sufrimiento y la muerte con dignidad.

Su martirio ha inspirado a innumerables judíos en tiempos de persecución, sirviendo como recordatorio de que la fe puede superar cualquier adversidad.

Hannah y sus hijos son grabados en el judaísmo como mártires heroicos. Su historia se menciona en los Libros de los Macabeos, aunque no se incluye en el Tanaj hebreo, siendo parte de los textos deuterocanónicos en las tradiciones cristianas. En la tradición rabínica, su sacrificio es registrado como una muestra del poder de la emunah (fe) y la mesirut nefesh (autodeterminación espiritual).

Además, su historia está vinculada al espíritu de la festividad de Janucá, que celebra la resistencia del pueblo judío contra la helenización forzada y la restauración del culto en el Templo de Jerusalén.

Hannah y sus siete hijos son símbolos eternos de la fe y el sacrificio. Su historia trasciende el tiempo, registrando a las generaciones actuales la importancia de mantenerse fiel a los valores y principios espirituales, incluso frente a los mayores desafíos.

A través de su valentía y su martirio, Hannah y sus hijos dejaron un legado imborrable en la memoria colectiva del pueblo judío, inspirando fortaleza y devoción en tiempos de crisis. Su ejemplo sigue vivo, recordando que la fe verdadera puede iluminar incluso los momentos más oscuros de la historia.

19.   Rabí Akiva: Erudito judío y mártir de la fe

Rabí Akiva ben Yosef es uno de los más grandes sabios de la historia judía, conocido por su inmenso legado en el estudio y la enseñanza de la Torá. Su vida, marcada por un inicio humilde, una búsqueda apasionada del conocimiento y un sacrificio supremo por su fe, lo convirtió en un símbolo de resiliencia, devoción y compromiso con el pueblo judío y sus tradiciones.

Rabí Akiva nació alrededor del año 50 dC en el seno de una familia humilde, posiblemente descendiente de conversos al judaísmo. Durante los primeros 40 años de su vida, trabajó como pastor y no tenía conocimiento de la Torá ni de las enseñanzas religiosas. Según la tradición, su transformación espiritual comenzó gracias al estímulo de su esposa, Rajel, quien reconoció su potencial y lo inspiró a dedicarse al estudio de la Torá.

La decisión de Akiva de comenzar a estudiar a una edad avanzada, enfrentando enormes dificultades, es un testimonio de su determinación. Según el Talmud, una vez que decidió aprender, lo hizo con una dedicación inquebrantable, llegando a convertirse en uno de los mayores eruditos de su tiempo.

Rabí Akiva estudió bajo la guía de grandes maestros y, con el tiempo, formó su propia escuela, atrayendo a miles de estudiantes. Fue un defensor de la interpretación profunda de la Torá y desarrolló métodos hermenéuticos para entender las Escrituras, sentando las bases para la interpretación rabínica posterior.

Entre sus contribuciones más importantes se encuentra su insistencia en la centralidad del amor al prójimo como un principio fundamental del judaísmo, expresada en su enseñanza de que "Ama a tu prójimo como a ti mismo" es la regla central de la Torá.

Rabí Akiva también jugó un papel crucial en la consolidación del canon bíblico judío y apoyó el desarrollo de las enseñanzas orales que luego se recopilarían en el Talmud.

En el siglo II dC, el pueblo judío estaba bajo el dominio del Imperio Romano, enfrentándose a persecuciones religiosas y políticas. Rabí Akiva apoyó la rebelión liderada por Simón Bar Kojba, a quien demostró el posible Mesías que liberaría al pueblo judío. Aunque la rebelión finalmente fracasó, Akiva permaneció fiel a su fe y sus principios, incluso cuando las autoridades romanas intensificaron la opresión.

Como parte de las medidas romanas para reprimir la cultura judía, se prohibió enseñar la Torá. Rabí Akiva, sin embargo, continuó enseñando en secreto, poniendo en riesgo su vida para mantener viva la tradición y educar a su pueblo.

Finalmente, fue arrestado por los romanos y condenado a muerte por su desobediencia. Según el Talmud, Rabí Akiva fue ejecutado de manera brutal: desollado vivo con peines de hierro mientras recitaba el Shemá Yisrael, la declaración de fe judía. En sus últimos momentos, expresó su completa devoción a Dios, afirmando que estaba feliz de entregar su vida santificando Su nombre.

El legado de Rabí Akiva es monumental y ha influido profundamente en la historia y el pensamiento judío:

Sus métodos de interpretación y enseñanza de la Torá establecieron la base para las generaciones posteriores de estudiosos judíos.

Su historia de comenzar el estudio tardíamente y alcanzar la grandeza intelectual es un ejemplo poderoso de que nunca es demasiado tarde para aprender y crecer espiritualmente.

Su disposición a morir por enseñar la Torá ha convertido a Rabí Akiva en un símbolo de resistencia espiritual frente a la opresión.

Su énfasis en el amor al prójimo como un principio central del judaísmo sigue siendo un pilar fundamental de la ética judía.

Rabí Akiva ayudó a preservar la identidad y cohesión del pueblo judío durante un período de gran adversidad, asegurando la transmisión de la tradición a las generaciones futuras.

Rabí Akiva es recordado y venerado como un mártir y maestro. Sus enseñanzas se citan ampliamente en el Talmud, y su vida sirve de inspiración para judíos de todas las épocas. Es un ejemplo eterno de cómo la fe, el amor al conocimiento y el sacrificio personal pueden iluminar incluso los períodos más oscuros de la historia.

Su nombre permanece asociado con la valentía y la sabiduría, un testimonio de que el compromiso con los valores espirituales puede trascender la vida misma y dejar un impacto duradero en el mundo.

EL BUDISMO: ORÍGENES, DOCTRINA Y LA RELACIÓN CON LOS SANTOS Y MÁRTIRES

El Budismo es una de las principales religiones del mundo, fundada en la India alrededor del siglo V a.C. por Siddhartha Gautama, conocido como el Buda, que significa "el iluminado". A lo largo de su vida, Buda enseñó un camino hacia la iluminación basado en la comprensión de la naturaleza del sufrimiento y la liberación de este sufrimiento a través de la práctica espiritual.

El Budismo tiene sus raíces en las enseñanzas de Siddhartha Gautama, un príncipe nacido en lo que hoy es Nepal. A los 29 años, Siddhartha abandonó su vida de lujo y confort para buscar la solución al sufrimiento humano. Después de años de meditación y austeridad, alcanzó la iluminación bajo un árbol Bodhi, comprendiendo que el sufrimiento es causado por el deseo y la ignorancia, y que la paz y la liberación pueden alcanzarse al superar estos factores.

A partir de este momento, Siddhartha se convirtió en el Buda, o el "Despierto", y comenzó a enseñar el camino óctuple, un conjunto de principios éticos y prácticas espirituales que guían a los seguidores hacia la liberación del sufrimiento (Nirvana).

La doctrina del Budismo se basa en Las Cuatro Nobles Verdades, que son el núcleo de la enseñanza del Buda:

•	La verdad del sufrimiento (Dukkha): La vida está llena de sufrimiento, que se manifiesta en el dolor, el cambio y la insatisfacción inherente a la existencia humana.

•	La verdad del origen del sufrimiento (Samudaya): El sufrimiento tiene su raíz en el deseo (Tanha), la avaricia, la ignorancia y el apego.

•	La verdad de la cesación del sufrimiento (Nirodha): Es posible liberarse del sufrimiento al eliminar el deseo y el apego, alcanzando el Nirvana, un estado de paz y sabiduría suprema.

•	La verdad del camino hacia la cesación del sufrimiento (Magga): El camino hacia la liberación es el camino óctuple, que incluye la rectitud en la visión, el pensamiento, la palabra, la acción, el modo de vida, el esfuerzo, la atención y la concentración.

El Budismo no adora a un dios personal, sino que se enfoca en la autodisciplina, la práctica de la meditación y el cultivo de la sabiduría para alcanzar el despertar.

En el Budismo, el concepto de santos no se entiende de la misma manera que en el cristianismo, pero hay figuras veneradas y admiradas por su sabiduría, su compasión y su práctica ejemplar. Los monjes y monjas que alcanzan un alto nivel de iluminación o realización espiritual son respetados y considerados ejemplos de virtud. Un Arhat es un individuo que ha alcanzado el Nirvana y ha eliminado el sufrimiento, siendo un modelo de perfección espiritual. En algunas tradiciones budistas, como el Mahayana, se venera a los bodhisattvas, seres iluminados que han renunciado a la entrada al Nirvana para ayudar a otros a alcanzar la liberación.

Sin embargo, la noción de mártires no es tan prominente en el Budismo como en otras religiones. A pesar de ello, existen ejemplos de sufrimiento y sacrificio relacionados con la preservación de la fe budista. Uno de los casos más conocidos es el de Thích Quảng Đức, un monje budista vietnamita que se autoinmoló en 1963 en protesta contra la persecución del gobierno hacia los budistas. Su acto de sacrificio fue un acto de resistencia pacífica que trascendió el sufrimiento personal en busca de la justicia y la libertad religiosa. Este acto de martirio en favor de la fe budista inspiró a muchos en el contexto de la lucha por los derechos humanos y la libertad religiosa.

A lo largo de la historia, muchos¡"onje' budistas han dado su vida defendiendo sus enseñanzas, preservando la paz y resistiendo la violencia. Estos actos de sacrificio, aunque no siempre vistos como "mártires" en el sentido clásico, son reconocidos como ejemplos de compasión, coraje y determinación en la preservación de la verdadera naturaleza de la vida y el despertar espiritual.

El Budismo es una tradición religiosa profunda y transformadora que promueve la liberación del sufrimiento a través de la práctica espiritual y el despertar de la sabiduría. Aunque no tiene un sistema formal de santos como en otras religiones, venera a aquellos que han alcanzado la iluminación y actúa como un ejemplo para los demás. En cuanto a los mártires, el sacrificio en el Budismo está relacionado con la resistencia a la opresión y el sufrimiento, como se evidencia en figuras como Thích Quảng Đức. Estos actos son un recordatorio del compromiso con la paz, la compasión y la verdad, pilares esenciales del camino budista.

20. Thích Quảng Đức: Monje budista y símbolo de sacrificio por la paz y la justicia

Thích Quảng Đức, nacido como Lâm Văn Túc en 1897 en un pequeño pueblo de Vietnam, es recordado como uno de los mártires más emblemáticos del budismo moderno. Su inmolación pública en 1963 se convirtió en un símbolo de resistencia pacífica y sacrificio en defensa de los derechos humanos y la libertad religiosa.

Desde muy joven, Thích Quảng Đức mostró un profundo interés por la espiritualidad. A la edad de siete años, comenzó su formación religiosa bajo la guía de un tío, quien era monje. Ingresó formalmente al monacato budista a los 15 años y fue ordenado como monje a los 20.

Thích Quảng Đức dedicó su vida al estudio de las enseñanzas budistas y a la práctica de la compasión, la meditación y la no violencia. Viajó extensamente por Vietnam para fundar templos, enseñar el Dharma y servir a las comunidades locales. A lo largo de su vida, fundaron 31 pagodas, fortaleciendo la presencia budista en el país y promoviendo la paz interior como un camino para enfrentar las adversidades.

En la década de 1950 y principios de 1960, Vietnam del Sur estaba bajo el gobierno de Ngô Đình Diệm, un devoto católico que implementó políticas que favorecían abiertamente a los católicos sobre los budistas, a pesar de que la mayoría de la población vietnamita practicaba el budismo. Estas políticas incluyen la discriminación en el acceso a empleos gubernamentales, restricciones a la práctica budista y actos de represión violenta contra las protestas pacíficas de la comunidad budista.

El 8 de mayo de 1963, durante la celebración de Vesak (el día del nacimiento de Buda), las fuerzas gubernamentales dispararon contra una manifestación pacífica en Huế, matando a varios budistas. Este acto marcó un punto de inflexión en las tensiones religiosas en Vietnam del Sur.

El 11 de junio de 1963, Thích Quảng Đức decidió realizar un acto de sacrificio extremo para llamar la atención del mundo sobre la opresión de los budistas en Vietnam. Vestido con su túnica monástica, se sentó en posición de loto en una concurrida intersección de Saigón.

Rodeado por cientos de monjes, monjas y simpatizantes, Thích Quảng Đức se roció con gasolina y subió una cerilla, inmolándose frente a los testigos. Permaneció inmóvil y sereno mientras su cuerpo ardía, en un acto que los presentes describieron como una demostración suprema de autocontrol y entrega espiritual.

Este evento fue capturado en una icónica fotografía tomada por el periodista Malcolm Browne, que se convirtió en un símbolo de la lucha por la libertad religiosa y la resistencia no violenta en todo el mundo.

El sacrificio de Thích Quảng Đức tuvo un impacto profundo y duradero:

Su inmolación atrajo la atención global hacia las injusticias cometidas por el régimen de Ngô Đình Diệm, generando presión internacional y contribuyendo a su derrocamiento meses después.

Thích Quảng Đức encarnó los principios del budismo, incluyendo la no violencia, la compasión y la entrega desinteresada, inspirando movimientos pacifistas en todo el mundo.

Su acto unió a la comunidad budista vietnamita en un momento crítico, fortaleciendo su lucha por la libertad religiosa y los derechos humanos.

Thích Quảng Đức dejó un legado de fortaleza espiritual, mostrando cómo el sacrificio personal puede ser una herramienta poderosa para el cambio social.

El corazón de Thích Quảng Đức, que permaneció intacto tras su inmolación, se conserva como una reliquia sagrada en la Pagoda del Instituto Budista en Vietnam. Este fenómeno ha sido interpretado por muchos como un símbolo de su compasión y pureza espiritual.

En Saigón (hoy Ciudad Ho Chi Minh), se erigió un monumento en su honor cerca del lugar de su inmolación. Además, su acto sigue siendo registrado en todo el mundo como un llamado a la justicia y la paz, y como un recordatorio del poder transformador del sacrificio y la fe.

Thích Quảng Đức es una figura trascendental cuya vida y muerte ejemplificaron el compromiso con los principios budistas y el sacrificio supremo por el bienestar de los demás. Su inmolación no solo despertó la conciencia sobre la opresión en su tiempo, sino que sigue inspirando a quienes buscan justicia y compasión en un mundo lleno de desigualdades.

21. Gueshe Tsultrim Gyatso: Monje tibetano y defensor de la libertad y la compasión

Geshe Tsultrim Gyatso fue un renombrado maestro budista tibetano y una figura influyente en la lucha por los derechos humanos y la preservación de la cultura tibetana. Su vida fue un testimonio de dedicación a la práctica espiritual, la educación y la resistencia pacífica frente a la opresión. A través de su enseñanza y sacrificio, se convirtió en un símbolo de esperanza y resiliencia para el pueblo tibetano y para todos los que buscan justicia y libertad en el mundo.

Geshe Tsultrim Gyatso nació en el Tíbet en la década de 1930, en un pequeño pueblo en el altiplano tibetano. Desde temprana edad mostró un interés por la espiritualidad y una inclinación hacia la meditación y el estudio. A los 12 años ingresó a un monasterio local, donde comenzó su formación como monje budista.

Rápidamente destacado por su intelecto y dedicación, lo que le permitió acceder a estudios avanzados en filosofía budista, lógica y ética en los monasterios más prestigiosos del Tíbet. Con el tiempo, obtuvo el título de "Geshe", un equivalente a doctorado en estudios budistas, siendo reconocido como un erudito y maestro excepcional.

En 1959, tras la invasión china del Tíbet y la violenta represión de las tradiciones religiosas y culturales tibetanas, Geshe Tsultrim Gyatso, junto con miles de monjes y ciudadanos, se vio obligado a abandonar su tierra natal. A pesar de las adversidades del exilio, se desarrolló en India, donde continuó sus prácticas espirituales y consolidó un papel activo en la preservación de la cultura y la religión tibetanas.

Durante décadas, Geshe Tsultrim Gyatso trabajó incansablemente para proteger el legado budista tibetano. Enseñó en monasterios reubicados en India y Nepal, transmitiendo su conocimiento a nuevas generaciones de monjes y laicos. Además, se convirtió en un portavoz internacional de la causa tibetana, abogando por los derechos humanos y la libertad de su pueblo.

Geshe Tsultrim Gyatso no solo dedicó su vida al estudio y la enseñanza, sino que también se involucró activamente en protestas pacíficas contra la ocupación china del Tíbet. Fue arrestado en varias ocasiones por las autoridades chinas debido a su participación en manifestaciones y su defensa abierta de la libertad religiosa y cultural.

A pesar de enfrentar condiciones extremas durante su encarcelamiento, incluida la tortura, Geshe Tsultrim Gyatso se mantuvo firme en su compromiso con la no violencia y la compasión, siguiendo los principios fundamentales del budismo. Su disposición a sufrir por la causa tibetana lo convirtió en una figura inspiradora para su comunidad y para los defensores de los derechos humanos en todo el mundo.

Geshe Tsultrim Gyatso dejó un impacto duradero en la comunidad budista y más allá:

Formó a cientos de estudiantes en los principios del budismo tibetano, asegurando la continuidad de esta rica tradición espiritual en el exilio.

Jugó un papel clave en la reconstrucción de monasterios y centros de estudio en India y Nepal, fortaleciendo el espíritu de los tibetanos en la diáspora.

Su vida demuestra que la lucha por la justicia puede llevarse a cabo con compasión y no violencia, incluso en circunstancias extremas.

Su historia resonó más allá de las fronteras del Tíbet, destacando la importancia de la libertad religiosa y los derechos humanos.

Aunque Geshe Tsultrim Gyatso no buscó reconocimiento personal, su dedicación lo convirtió en una figura respetada en la comunidad tibetana y en el mundo budista en general. Diversas organizaciones y líderes espirituales han reconocido su contribución a la preservación de la cultura tibetana y la promoción de los valores budistas en un contexto de opresión y exilio.

Su vida y enseñanzas siguen siendo una fuente de fortaleza para los tibetanos que continúan enfrentando desafíos en su lucha por la libertad. A través de sus acciones, Geshe Tsultrim Gyatso encarnó los principios del budismo: la compasión, la sabiduría y el sacrificio por el bienestar de los demás.

22. Dhammaloka: El Monje budista occidental y defensor de la justicia social

Dhammaloka, también conocido como U Dhammaloka, fue uno de los primeros occidentales en abrazar el budismo y dedicar su vida a la difusión de sus principios en Asia. Su compromiso con la justicia social, la igualdad y la resistencia a la opresión colonial marcó un precedente único en la historia del budismo. Este controvertido y visionario monje no solo difundió las enseñanzas del Dharma, sino que también luchó contra las desigualdades culturales y religiosas de su tiempo, sacrificando su comodidad y seguridad personal por un mundo más justo.

Se cree que Dhammaloka nació en Dublín, Irlanda, alrededor de 1856, bajo el nombre de Laurence Carroll. Proveniente de una familia humilde, emigrado a América en busca de oportunidades, desempeñándose como trabajador migrante en condiciones difíciles. Su vida cambió enormemente cuando llegó a Asia, donde entró en contacto con las enseñanzas budistas.

En la década de 1890, Dhammaloka abrazó el budismo en Birmania (actual Myanmar), un acto revolucionario para un occidental en aquella época. Fue ordenado como monje bajo el nombre de U Dhammaloka y rápidamente se destacó por su carisma, su dominio de las escrituras budistas y su capacidad para comunicarse con comunidades tanto locales como extranjeras.

El contexto histórico de Dhammaloka estuvo marcado por la colonización británica en Asia, que a menudo intentaba imponer valores occidentales y el cristianismo como superioridades culturales. Dhammaloka se opuso firmemente a esta narrativa, defendiendo la riqueza cultural y espiritual del budismo frente a las agresiones coloniales.

Una de sus iniciativas más destacadas fue la organización de campañas públicas para contrarrestar la influencia de las misiones cristianas, especialmente en las comunidades budistas vulnerables. Denunció la destrucción cultural que acompañaba al colonialismo, pronunciando discursos en los que animaba a los budistas a mantener sus tradiciones y resistir las presiones extranjeras.

Este activismo lo colocó en el punto de mira de las autoridades coloniales, quienes lo consideraron una amenaza para el orden establecido. Fue arrestado en varias ocasiones y juzgado por cargos como sedición debido a sus actividades de resistencia pacífica, pero su convicción y compromiso nunca flaquearon.

Dhammaloka dedicó su vida entera a la difusión del budismo y la defensa de los derechos de las comunidades locales frente al colonialismo. Su vida nómada lo llevó a viajar incansablemente por Birmania, India, Ceilán (actual Sri Lanka), Japón y otras partes de Asia, donde impartió conferencias, publicó panfletos y organizó redes de apoyo para monjes y laicos.

A pesar de enfrentar la pobreza, la persecución y la constante amenaza de represalias coloniales, Dhammaloka vivió de acuerdo con los principios budistas de renuncia y compasión. Su sacrificio personal incluyó la pérdida de privilegios que su condición de occidental le habría podido otorgar, el abandono de su identidad de origen y el riesgo constante de su vida por defender la justicia y la igualdad.

Dhammaloka dejó un legado duradero tanto en el ámbito religioso como en el social:

Fue uno de los primeros occidentales en ser ordenado como monje budista, allanando el camino para futuros practicantes y contribuyendo a la expansión del budismo más allá de Asia.

Su lucha por preservar el budismo frente a las agresiones coloniales ayudó a mantener viva la fe y las tradiciones en comunidades que enfrentaban presión para occidentalizarse.

Su vida demostró que el compromiso espiritual puede superar barreras culturales, promoviendo la cooperación y el entendimiento entre Oriente y Occidente.

Dhammaloka encarnó la resistencia no violenta, utilizando el conocimiento, el diálogo y la compasión como herramientas para enfrentar la injusticia.

A pesar de sus contribuciones, Dhammaloka permaneció durante mucho tiempo en la sombra de la historia, quizás debido a su condición de figura controvertida para el poder colonial y su naturaleza itinerante. Sin embargo, investigaciones recientes han recuperado su historia, destacando su papel como precursor del budismo occidental y defensor de los derechos humanos.

En un mundo dividido por el colonialismo, Dhammaloka representó un puente entre culturas, una voz de resistencia y una vida dedicada al servicio desinteresado. Su historia continúa inspirando a quienes buscan combinar la espiritualidad con el activismo en pro de la justicia y la igualdad.

Dhammaloka, el monje budista irlandés, fue un ejemplo de valentía, sacrificio y compromiso con los valores universales del budismo. Su vida, dedicada a la fe, la educación y la resistencia pacífica, nos recuerda que el verdadero liderazgo espiritual no se mide por el poder o la riqueza, sino por el impacto positivo en los demás y el legado que dejamos para el futuro.

EL SIJISMO: ORÍGENES, DOCTRINA Y LA RELACIÓN CON LOS SANTOS Y MÁRTIRES

El Sijismo es una religión monoteísta fundada en el siglo XV en la región de Punjab, actualmente dividida entre India y Pakistán. Fue establecido por Guru Nanak y continuado por sus nueve sucesores, conocidos como los Diez Gurús, que guiaron a la comunidad sij a través de enseñanzas espirituales y éticas. El sijismo ha crecido a lo largo de los siglos y se ha convertido en una de las religiones más importantes y practicadas del mundo, con una gran presencia en India y una diáspora sij global.

El sijismo comenzó en un contexto de tensiones sociales, religiosas y políticas en el norte de la India, en un tiempo donde predominaban tanto el hinduismo como el islam. Guru Nanak, nacido en 1469, es considerado el fundador de la religión. Desde joven, se mostró crítico con las divisiones sociales y religiosas, rechazando tanto el sistema de castas como las discriminaciones entre hindúes y musulmanes. Su mensaje central fue la creencia en un Dios único, universal y sin forma, que trasciende todas las divisiones y que se manifiesta en el amor y la justicia.

A lo largo de su vida, Guru Nanak viajó extensamente, difundiendo su mensaje de igualdad, paz y devoción a Dios. A sus enseñanzas se sumaron las de los nueve gurús sucesivos, quienes enfatizaron la importancia de la devoción sincera a Dios, la igualdad entre todas las personas, y el servicio a la humanidad. El sijismo promueve la práctica de tres principios fundamentales: Naam Japna (recordar a Dios), Kirat Karni (trabajo honesto), y Vand Chakna (compartir con los demás).

La doctrina sij se basa en la enseñanza del Guru Granth Sahib, el libro sagrado que recopila los himnos y enseñanzas de los Gurús, junto con los sabios y santos de otras religiones. Este texto sagrado enfatiza la igualdad humana, la unidad de Dios, y el rechazo de la superstición y el ritualismo. Los sijes creen que no hay distinción entre las personas basadas en su raza, religión, género o estatus social. Los principios clave del sijismo son:

•   Monoteísmo: La creencia en un Dios único, conocido como Waheguru, que está más allá de cualquier forma o limitación humana.

•   Igualdad: Todos los seres humanos son iguales ante Dios, sin distinciones de castas, etnias, o religión.

•   Servicio desinteresado: El servicio a la humanidad (seva) es fundamental, y se expresa a través de la ayuda al prójimo y la justicia social.

•   Rechazo del ego: El sijismo enseña que el ego es el obstáculo principal para la realización espiritual, y que se debe vivir en humildad y devoción.

•   Comunidad (Sangat): Los sijes creen que la congregación y la comunidad son esenciales para crecer espiritualmente.

El sijismo ha tenido una relación profunda con el sacrificio y la devoción a Dios, y a lo largo de su historia, muchos de sus líderes y seguidores han sido considerados mártires por su lucha por la justicia, la libertad religiosa, y la preservación de la fe. Los Gurús del sijismo no solo eran guías espirituales, sino también figuras que defendieron la dignidad humana y la lucha contra la opresión. Muchos de ellos sufrieron persecuciones y sacrificios por su fe y convicciones.

Guru Arjan Dev, el quinto Gurú, fue martirizado por el Imperio Mughal en 1606 por negarse a renunciar a su fe. Fue torturado de manera brutal, pero permaneció firme en su devoción a Dios. Su martirio sentó un precedente para la comunidad sij, reforzando la importancia de la integridad espiritual frente a la opresión.

Guru Tegh Bahadur, el noveno Gurú, fue ejecutado por el emperador mogol Aurangzeb en 1675, al negarse a convertir a los hindúes al islam. Su sacrificio es considerado un acto de defensa de la libertad religiosa y la justicia para los pueblos oprimidos.

Bhai Taru Singh, un joven sij, fue ejecutado en 1745 por el Imperio Mughal por su negativa a abandonar su fe. A pesar de la tortura extrema, nunca renunció a su devoción. Su martirio se recuerda como un ejemplo de fe inquebrantable.

El sacrificio de estos y otros mártires es celebrado por los sijes no solo como una muestra de resistencia, sino también como ejemplos de compasión, justicia y servicio desinteresado. El martirio en el sijismo no es solo la pérdida de la vida, sino un acto de testimonio del poder de la fe y la dedicación a principios espirituales superiores.

El sijismo es una religión de unidad, amor y servicio. Fundada sobre principios de igualdad, justicia y la creencia en un solo Dios, ha sido defendida a lo largo de los siglos por hombres y mujeres dispuestos a sacrificarse por la libertad religiosa y los derechos humanos. A través de los sacrificios de los Gurús y mártires sijes, el sijismo ha dejado un legado de coraje y devoción a los principios de paz, servicio y respeto por la humanidad. Estos ejemplos de sacrificio continúan inspirando a millones de seguidores en todo el mundo a vivir con una fe profunda y un compromiso con la justicia social.

23.   Guru Arjan Dev: El quinto Gurú Sij y mártir por la justicia y la fe

Guru Arjan Dev fue el quinto Gurú de la tradición sij y una de las figuras más influyentes en la historia del sijismo. Con una vida marcada por su dedicación al servicio de la humanidad, el sacrificio personal y la firmeza en la fe, su legado perdura no solo como líder religioso, sino también como defensor de la justicia, la paz y la libertad religiosa. Su martirio por negarse a abandonar su fe se convirtió en un punto decisivo en la historia del sijismo, consolidando su papel como un defensor del derecho a la libertad religiosa y una figura central en la historia de la India.

Guru Arjan Dev nació en 1563 en Goindval, en el actual Punjab, India, hijo de Guru Ram Das, el cuarto Gurú sij. Desde joven, mostró una inclinación por el aprendizaje y el servicio a los demás. A la edad de 18 años, Guru Arjan Dev asumió el liderazgo del sijismo tras la muerte de su padre. Fue un líder visionario que expandió enormemente la comunidad sij, consolidando la fe con nuevos principios espirituales y construyendo una base sólida para la religión.

Una de las principales contribuciones de Guru Arjan Dev fue su impulso para compilar el Adi Granth, el texto sagrado del sijismo, que se convirtió en el libro central de la religión. Este trabajo monumental incorporó las enseñanzas de los Gurús anteriores, así como los himnos de otros santos de diferentes religiones, como el hinduismo y el islam, lo que reflejó su visión inclusiva y universal del amor y la devoción a Dios. El Adi Granth sería más tarde conocido como el Guru Granth Sahib, y se considera el último y eterno "Guru" de la comunidad sij.

El reinado del emperador mogol Jahangir, contemporáneo de Guru Arjan Dev, fue un periodo de creciente persecución para las comunidades religiosas no musulmanas en la India, incluida la comunidad sij. Guru Arjan Dev, como líder de los sijes, era visto como una amenaza por su creciente influencia y por su firme oposición a la intolerancia religiosa.

Jahangir, preocupado por la popularidad de Guru Arjan y por su creciente poder, acusó al Gurú de apoyo a los rebeldes y de promover la desobediencia contra el imperio mogol. En 1606, Guru Arjan Dev fue arrestado, torturado y encarcelado en la fortaleza de Lahore. Se le sometió a crueles torturas físicas, que incluyeron el ser sumergido en agua hirviendo y, finalmente, ser colocado sobre una parrilla de hierro al rojo vivo. A pesar de la extrema tortura, Guru Arjan Dev mantuvo su fe inquebrantable y nunca renunció a sus principios, ni cedió a las demandas de los mogoles.

Su sacrificio final fue la expresión suprema de su devoción a Dios y de su compromiso con la justicia y la libertad religiosa. El martirio de Guru Arjan Dev marcó un hito en la historia del sijismo, ya que estableció una tradición de sacrificio por la fe y la justicia que continuaría con sus sucesores.

Guru Arjan Dev dejó un legado que ha perdurado por siglos y sigue siendo una fuente de inspiración para millones de seguidores del sijismo:

La compilación del Adi Granth fue una de las mayores contribuciones de Guru Arjan Dev al sijismo. Este texto no solo consolidó las enseñanzas del Gurú, sino que también ayudó a dar forma a la identidad espiritual de la comunidad sij, centrándose en la devoción a un solo Dios y en la unidad de todas las religiones.

A través de su martirio, Guru Arjan Dev se convirtió en un símbolo de resistencia contra la opresión religiosa. Su lucha por la libertad religiosa, su rechazo a las imposiciones del gobierno mogol y su sacrificio personal dieron al sijismo una base firme en la lucha por la justicia social y la igualdad.

Su sacrificio se convirtió en un ejemplo de vida y muerte por el bien de otros, un acto supremo de entrega que reflejaba los principios fundamentales del sijismo: el servicio desinteresado, la equidad y la compasión.

Bajo su liderazgo, la comunidad sij pasó de ser una comunidad local en el Punjab a una fuerza unificada que continuó expandiéndose más allá de las fronteras del Punjab, manteniendo los principios del sewa (servicio a los demás) y la simran (meditación en el nombre dc Dios).

La muerte de Guru Arjan Dev fue un momento decisivo en la historia del sijismo, y su martirio no solo ha sido venerado en la tradición sij, sino también ha sido reconocido como un acto de valentía y sacrificio por muchos en todo el mundo. En la actualidad, los sijes recuerdan el martirio de Guru Arjan Dev el 16 de junio de cada año durante el Shaheedi Gurpurab, un día de conmemoración y reflexión.

Además, el Gurudwara Darbar Sahib en Kartarpur, Pakistán, es considerado uno de los principales lugares de peregrinaje para los seguidores de Guru Arjan Dev, y la memoria de su vida y sacrificio sigue siendo una fuente de inspiración para los sijes en todo el mundo.

Guru Arjan Dev es una figura central no solo en el sijismo, sino en la historia de la lucha por la justicia y la libertad religiosa. A través de su sacrificio y su vida dedicada al servicio, la paz y la igualdad, dejó un legado eterno que continúa guiando a las generaciones futuras. Su valentía y su fe inquebrantable nos enseñan que, incluso en medio de la persecución y la violencia, es posible permanecer fiel a los principios de amor, tolerancia y justicia.

24.   Guru Tegh Bahadur: Noveno Gurú Sij y mártir por la libertad religiosa

Guru Tegh Bahadur, el noveno Gurú sij, es recordado como un valiente defensor de la libertad religiosa, un líder espiritual y un mártir que dio su vida por proteger los derechos de aquellos que eran perseguidos por su fe. Nacido en 1621 en Amritsar, India, Guru Tegh Bahadur representó una figura que abrazó profundamente los ideales de justicia, igualdad y sacrificio, y su vida se convirtió en un faro de inspiración para millones de personas a lo largo de la historia.

Guru Tegh Bahadur nació en una familia devota del sijismo, siendo hijo de Guru Hargobind, el sexto Gurú sij, y Nanaki. Desde joven, mostró una gran inclinación por la espiritualidad, y su habilidad para la meditación y el canto devocional lo distinguieron. Su nombre, Tegh Bahadur, significa "el valiente portador de la espada", un reflejo tanto de su destreza en la lucha como de su valentía moral y espiritual.

A lo largo de su vida, Guru Tegh Bahadur mostró una profunda devoción por el servicio a los demás y la enseñanza del Dharma (la ley universal). Aunque fue reconocido por sus habilidades de combate y su destreza en las artes marciales, su verdadera pasión era la protección de la justicia, la defensa de los derechos humanos y la promoción de la igualdad religiosa.

La vida de Guru Tegh Bahadur estuvo marcada por su firme oposición a la opresión religiosa y la intolerancia. En el contexto histórico del Imperio Mogol, gobernado por el emperador Aurangzeb, se vivió una gran persecución hacia las religiones no islámicas, especialmente hacia el hinduismo, el sijismo y otras tradiciones. En particular, Aurangzeb implementó políticas de intolerancia que forzaban a los hindúes a convertirse al islam mediante la persecución y la violencia.

En este contexto, un grupo de hindúes de Cachemira, que estaban siendo forzados a convertirse al islam, acudieron a Guru Tegh Bahadur en busca de ayuda. Al ser testigo de esta grave injusticia, Guru Tegh Bahadur se ofreció a sacrificarse para proteger el derecho a la libertad religiosa, sin importar la adversidad. En lugar de huir, decidió enfrentarse a la opresión, defendiendo la libertad de culto para todos, sin importar su fe.

En 1675, bajo la orden de Aurangzeb, Guru Tegh Bahadur fue arrestado, torturado y finalmente decapitado en Chandni Chowk, Delhi. El sacrificio de Guru Tegh Bahadur se convirtió en un acto trascendental de resistencia pacífica contra la tiranía y la intolerancia religiosa. Su martirio no solo defendió el derecho de los hindúes a practicar su religión, sino que también afirmó la integridad del sijismo como una fe libre y no subordinada.

El sacrificio de Guru Tegh Bahadur dejó un legado que continúa influyendo profundamente en la tradición sij y en la lucha por la libertad religiosa en todo el mundo:

El sacrificio de Guru Tegh Bahadur se recuerda principalmente por su firme defensa de la libertad religiosa. Al sacrificarse por los hindúes y otros no musulmanes que enfrentaban la persecución, su acto se convirtió en un símbolo universal de lucha por los derechos fundamentales, la libertad de credo y la tolerancia religiosa.

Guru Tegh Bahadur enseñó que la verdadera fe no se trata solo de la devoción individual a Dios, sino también de luchar contra la injusticia y defender los derechos de los oprimidos. Su sacrificio resalta el principio de que la justicia y la equidad son fundamentales en la vida espiritual.

líder, Guru Tegh Bahadur también consolidó la comunidad sij en tiempos de adversidad. Su martirio inspiró a sus seguidores a mantenerse firmes en sus creencias, a resistir la opresión y a seguir adelante en la lucha por la justicia. Fue un ejemplo de cómo mantener la integridad frente a la adversidad, asegurando que el sijismo no solo fuera una religión de devoción, sino también de acción.

La resistencia de Guru Tegh Bahadur frente a la presión para renunciar a sus creencias no solo fue un acto personal de valentía, sino también una defensa de la diversidad religiosa en la India y en el mundo. Su martirio dejó claro que nadie debería ser forzado a abandonar su fe por motivos políticos o de poder.

El sacrificio de Guru Tegh Bahadur es conmemorado cada año por los sijes en el Gurpurab de Guru Tegh Bahadur, que se celebra el 24 de noviembre, el día de su martirio. En su memoria, se llevan a cabo ceremonias y oraciones en los gurudwaras (templos sijes), donde los seguidores reflexionan sobre sus enseñanzas y su sacrificio por los demás.

El Gurudwara Sis Ganj Sahib en Delhi, el lugar donde Guru Tegh Bahadur fue martirizado, se ha convertido en uno de los principales centros de peregrinación para los sijes. Su memoria es honrada no solo en la comunidad sij, sino también en todo el mundo por aquellos que defienden los derechos humanos y la libertad religiosa.

25.   Bhai Taru Singh: Mártir Sij que defendió la fe a cualquier costo

Bhai Taru Singh es uno de los mártires más venerados del sijismo, recordado por su valentía, devoción y sacrificio supremo por su fe y su comunidad. Nacido en 1720 en el pueblo de Pakkho, en el actual distrito de Sargodha (Pakistán), Bhai Taru Singh vivió en una época de grandes desafíos para los sijes, cuando el imperio mogol, bajo el liderazgo de figuras como el emperador Aurangzeb, estaba persiguiendo de manera sistemática a los seguidores del sijismo, junto con otras minorías religiosas.

Bhai Taru Singh nació en una familia sij devota. Desde su juventud, mostró una gran dedicación hacia la enseñanza y práctica del sijismo, particularmente hacia los principios del Gurú Granth Sahib, el libro sagrado del sijismo. Se le describe como una persona humilde, generosa y piadosa, que dedicaba gran parte de su tiempo al servicio de los demás y a la meditación.

A medida que crecía, Bhai Taru Singh se fue involucrando más activamente en la comunidad sij, participando en las actividades de los gurudwaras y extendiendo su ayuda a aquellos que la necesitaban. Su vida estaba guiada por el principio fundamental del sijismo: "Sarbat da bhala" (el bienestar de todos).

La vida de Bhai Taru Singh dio un giro dramático cuando las autoridades mogolas comenzaron a intensificar la persecución contra los sijes. Durante este periodo, los emperadores mogoles emitieron varios decretos para forzar a los sijes a abandonar su fe y abrazar el islam. Las autoridades intentaban, a través de torturas y coerción, erradicar el sijismo y otras religiones no musulmanas.

Bhai Taru Singh se convirtió en un objetivo para los imperiales mogoles debido a su firme devoción y su influencia en la comunidad sij. En 1745, fue arrestado por los soldados del emperador y llevado ante el gobernador local, quien intentó obligarlo a convertirse al islam. Durante su juicio, Bhai Taru Singh se mantuvo firme en su fe, rehusándose a renunciar a sus creencias y afirmando que moriría antes que traicionar su fe.

En un intento por quebrantar su voluntad, el gobernador ordenó que le cortaran el cabello a Bhai Taru Singh, ya que los sijes consideran que el cabello largo y natural es un símbolo sagrado de su fe y de su conexión con el Gurú. Sin embargo, Bhai Taru Singh respondió con valentía y dignidad, y afirmó que no cedería a esa humillación.

Como último intento de forzarlo a renunciar a su fe, las autoridades ordenaron que le arrancaran el cuero cabelludo con un instrumento llamado "karhi". A pesar de esta tortura brutal, Bhai Taru Singh nunca dejó de proclamar su fe sij. Se dice que, durante la agonía, continuó cantando los himnos del Gurú Granth Sahib, demostrando una increíble resistencia espiritual ante la tortura física.

Finalmente, después de sufrir horas de dolor, Bhai Taru Singh fue ejecutado en 1745. Su sacrificio se convirtió en un símbolo de la resistencia sij ante la opresión religiosa.

El sacrificio de Bhai Taru Singh dejó un legado profundamente significativo tanto dentro de la comunidad sij como fuera de ella. Su vida y martirio son recordados no solo por su valentía, sino por su firmeza en la defensa de la libertad religiosa y la integridad espiritual.

Bhai Taru Singh defendió la libertad de culto con su vida. En una época en la que muchos se sometían a la presión para abandonar su fe, su sacrificio se destacó como un acto de valentía en la lucha por la libertad religiosa y el derecho a vivir sin miedo a la persecución por las creencias personales.

Su capacidad de mantener su fe inquebrantable en medio de un sufrimiento extremo inspiró a generaciones de sijes a mantenerse firmes en sus principios espirituales, sin importar los desafíos que pudieran enfrentar. Bhai Taru Singh representa el concepto sij de sacrificio supremo en nombre de la justicia, la verdad y la fe.

A lo largo de la historia, Bhai Taru Singh ha sido un símbolo de resistencia no solo para los sijes, sino también para aquellos que luchan contra la opresión religiosa en cualquier forma. Su martirio destacó la importancia de la perseverancia y la fortaleza interior frente a la adversidad.

El sacrificio de Bhai Taru Singh reforzó la identidad del sijismo como una religión de lucha contra la opresión y la injusticia. Su vida enseñó a los sijes a valorar el coraje y el sacrificio por el bienestar de la humanidad y a no rendirse ante las fuerzas de la tiranía.

Bhai Taru Singh es conmemorado en el sijismo como uno de los grandes mártires de la fe. En varias partes de India, especialmente en Punjab, se celebran ceremonias y oraciones en su honor. Su sacrificio es recordado cada año por los sijes, quienes se reúnen en gurudwaras para reflexionar sobre su vida y su martirio, y para recordar su ejemplo de devoción y resistencia.

El Gurudwara Bhai Taru Singh en Amritsar, Punjab, es un lugar de peregrinación para los sijes, donde los devotos se reúnen para rendir homenaje a su sacrificio y buscar inspiración en su vida.

HINDUISMO: ORÍGENES, DOCTRINA Y RELACIÓN CON LOS SANTOS Y MÁRTIRES

El Hinduismo es una de las religiones más antiguas y complejas del mundo, con una rica tradición que abarca más de 4,000 años de historia. A menudo considerado no solo como una religión, sino también como una filosofía de vida, el hinduismo no tiene un solo fundador ni una doctrina uniforme. Se caracteriza por su pluralismo, su énfasis en la divinidad múltiple, y su comprensión del universo y la salvación como un proceso profundamente personal y espiritual.

El origen del hinduismo se remonta a las antiguas civilizaciones del Valle del Indo, alrededor del 2500 a.C. Sin embargo, el hinduismo tal como se conoce hoy se consolidó en la India después de la llegada de los Vedas, textos sagrados que fueron escritos entre el 1500 a.C. y el 500 a.C. Los Vedas contienen himnos, rituales y enseñanzas filosóficas que han dado forma a la religión hindú.

A lo largo de los siglos, el hinduismo se ha desarrollado a través de diversos textos y tradiciones, como los Upanishads, las Bhagavad Gita y los Puranas, que ofrecen enseñanzas sobre la naturaleza de Dios, el alma, y el universo. El hinduismo es una religión politeísta, en la que se veneran múltiples deidades, siendo las más prominentes Brahma (el creador), Vishnu (el preservador) y Shiva (el destructor). Además, el concepto de Atman (alma individual) y Brahman (el principio universal) es central, con la creencia en la reencarnación y el ciclo de karma y samsara como fundamentales en la experiencia humana.

La doctrina del hinduismo es altamente flexible y varía entre las diversas corrientes dentro de la religión. Sin embargo, existen principios comunes que guían las creencias de los hindúes:

• Dharma: El cumplimiento del deber y la rectitud en la vida. Cada individuo tiene un dharma específico basado en su edad, género, casta y situación, y vivir de acuerdo con él es crucial para alcanzar la paz espiritual.

• Karma: La ley de causa y efecto, que sostiene que las acciones de una persona en esta vida afectan su destino en vidas futuras. Las buenas acciones producen buenos resultados, mientras que las malas acciones generan sufrimiento.

• Samsara: El ciclo continuo de nacimiento, muerte y reencarnación. La liberación del samsara se busca a través de la moksha, que es la liberación del alma del ciclo de reencarnación y la unión con Brahman.

• Bhakti: La devoción a Dios, especialmente en su manifestación personal, es un camino importante para alcanzar la salvación. Los devotos practican la meditación, la oración y la ofrenda a las deidades para fortalecer su relación con lo divino.

• Yoga: La práctica espiritual que incluye diversas técnicas para alcanzar la unión con lo divino. Los diferentes tipos de yoga incluyen karma yoga (el yoga de la acción desinteresada), bhakti yoga (el yoga de la devoción), y jnana yoga (el yoga del conocimiento).

En el hinduismo, la figura de los santos no es tan prominente como en otras religiones, pero existen muchos individuos venerados por su santidad, sabiduría y devoción. Estos santos suelen ser gurús, maestros espirituales o sabios que alcanzaron un alto grado de realización espiritual y son reverenciados como modelos de comportamiento virtuoso y devoción a lo divino.

Uno de los ejemplos más representativos de santos en el hinduismo es Ramanuja, un filósofo y teólogo del siglo XI, cuya visión teológica sobre la relación entre el alma individual (Atman) y Dios (Brahman) influyó profundamente en la tradición Vishnuista. Otro ejemplo es Kabir, un poeta y santo del siglo XV, cuya obra espiritual enfatizaba la unidad de Dios y la necesidad de transcender las divisiones religiosas. Aunque Kabir no era un "mártir" en el sentido estricto, su vida estuvo marcada por su resistencia a las instituciones religiosas establecidas y su dedicación al amor universal.

En cuanto a los mártires, el hinduismo tiene una relación más indirecta con esta figura, ya que, históricamente, el hinduismo no ha tenido la misma tendencia a glorificar el sacrificio físico por la fe como otras religiones. Sin embargo, en la India premoderna, hubo figuras que fueron perseguidas y sacrificaron sus vidas por su fe hindú, como es el caso de Rani Durgavati, una reina guerrera del siglo XVI que luchó hasta la muerte defendiendo su reino y su fe hindú contra las invasiones musulmanas.

A través de la historia, la resistencia de los hindúes a las invasiones extranjeras, las persecuciones y los intentos de convertir a otros a otras religiones también ha dado lugar a mártires que son venerados por su valentía y sacrificio, aunque no siempre son identificados como "mártires" en el sentido cristiano o islámico de la palabra.

26. Mahatma Gandhi: El Líder de la No Violencia y el sacrificio por la libertad

Mahatma Gandhi, nacido como Mohandas Karamchand Gandhi el 2 de octubre de 1869 en Porbandar, India, es uno de los líderes más influyentes en la historia moderna. Reconocido mundialmente como el "Padre de la Nación" en India, Gandhi es célebre por haber liderado la lucha por la independencia de su país del dominio británico a través de la filosofía de la no violencia (ahimsa) y la resistencia pacífica (satyagraha). Su vida fue un ejemplo de sacrificio personal y un testimonio de su dedicación inquebrantable a la justicia, la paz y la igualdad.

Mohandas Gandhi nació en una familia hindú de la casta mercantil. Desde joven, mostró un profundo interés por la religión, la ética y la política. Su educación formal comenzó en su ciudad natal y luego continuó en la Universidad de Londres, donde estudió Derecho. Fue en Inglaterra donde, durante su tiempo como estudiante, Gandhi comenzó a interesarse por las ideas filosóficas y políticas de la no violencia y la justicia social, influenciado por figuras como Tolstoi y Henry David Thoreau.

Al regresar a India, Gandhi comenzó a ejercer la abogacía, pero pronto se dio cuenta de que su verdadera vocación era luchar por la libertad y el bienestar de su pueblo. En 1893, viajó a Sudáfrica, donde se enfrentó a la discriminación racial y empezó a desarrollar su enfoque de la resistencia pacífica.

Gandhi regresó a India en 1915 y se convirtió en líder del movimiento nacionalista indio. Su filosofía de ahimsa (no violencia) y satyagraha (resistencia pacífica) se convirtió en la columna vertebral de la lucha contra el dominio británico. Gandhi creía que la no violencia no solo era un medio para alcanzar la justicia, sino una forma de vida, una estrategia moral que también tenía el poder de transformar la sociedad.

• El Movimiento de No Cooperación (1920-1922): Gandhi instó a los indios a boicotear productos británicos, rechazar los títulos honoríficos y abandonar las instituciones británicas. Esto se convirtió en un poderoso movimiento de desobediencia civil. A pesar de ser arrestado en varias ocasiones, Gandhi nunca abandonó su mensaje de resistencia no violenta.

• La Marcha de la Sal (1930): Uno de los episodios más emblemáticos de la lucha por la independencia de India fue la Marcha de la Sal, que Gandhi encabezó en 1930. Gandhi organizó una protesta pacífica en la que caminó 240 millas hasta la costa para hacer sal del mar, desafiando las leyes coloniales británicas que prohibían a los indios producir su propia sal. Esta marcha fue un acto simbólico de desobediencia civil y un grito de resistencia contra la opresión colonial.

• El Movimiento Quit India (1942): En medio de la Segunda Guerra Mundial, Gandhi lanzó el Movimiento Quit India, exigiendo la inmediata independencia de la India. Aunque enfrentó represión brutal por parte del gobierno británico, Gandhi persistió con su mensaje de resistencia pacífica y de unidad nacional.

A lo largo de su vida, Gandhi hizo sacrificios personales significativos en su lucha por la independencia de India. Abrazó una vida de simplicidad y austeridad, viviendo con lo mínimo para ser un ejemplo de autosuficiencia y humildad. Vivió en su ashram (comunidad) donde se dedicó a la meditación, al trabajo manual y a la enseñanza de principios espirituales a sus seguidores.

Uno de sus sacrificios más profundos fue su dedicación al bienestar de las castas más bajas de la India, conocidas como los "intocables". Gandhi los denominó "Harijans" o "hijos de Dios", y luchó por su integración y derechos dentro de la sociedad india, enfrentando no solo la resistencia de los británicos, sino también de su propia gente.

Durante el periodo de lucha, Gandhi pasó tiempo considerable en prisión, siendo encarcelado por las autoridades británicas en varias ocasiones. Sin embargo, nunca permitió que su sufrimiento personal lo apartara de su misión. Cada vez que era liberado, Gandhi volvía al campo de la resistencia con renovada energía.

El sacrificio de Gandhi por la libertad y la justicia no solo liberó a India del yugo colonial británico, sino que también dejó un legado que sigue vivo en todo el mundo. Su enfoque de la no violencia ha inspirado a numerosos movimientos sociales en todo el mundo, desde la lucha por los derechos civiles en los Estados Unidos, liderada por Martin Luther King Jr., hasta la resistencia pacífica en Sudáfrica bajo Nelson Mandela.

Gandhi fue una fuente de inspiración para los movimientos de derechos civiles en todo el mundo. Su filosofía de resistencia pacífica y desobediencia civil influyó en la lucha por la igualdad racial y de derechos en Estados Unidos, y en el movimiento antiapartheid de Sudáfrica.

Gandhi vivió según sus principios, lo que lo convirtió en un ejemplo de integridad moral. Su vida de simplicidad, humildad y respeto hacia todos los seres humanos se convirtió en un faro de luz para millones de personas.

El mensaje central de Gandhi fue la paz. A lo largo de su vida, luchó por la justicia sin recurrir a la violencia, y creía firmemente que la paz mundial solo podría lograrse si los individuos, las comunidades y las naciones adoptaban la no violencia y el respeto mutuo.

El 30 de enero de 1948, poco después de la independencia de India, Mahatma Gandhi fue asesinado en Nueva Delhi por Nathuram Godse, un extremista hindú que se oponía a la política de Gandhi de reconciliación entre hindúes y musulmanes. Su muerte fue un trágico recordatorio de los desafíos que aún enfrentaba la India, pero también consolidó su lugar como una figura inmortal en la historia.

Mahatma Gandhi vivió una vida marcada por el sacrificio, la lucha incansable por la justicia y la dedicación inquebrantable a la no violencia. Su legado sigue vivo en la manera en que las personas luchan por la justicia y la paz en todo el mundo. Gandhi demostró que una sola persona, armada solo con principios éticos y la resistencia pacífica, puede cambiar el curso de la historia. Su vida sigue siendo un faro de esperanza para todos aquellos que creen en la capacidad de la humanidad para lograr el cambio a través del amor, la paz y la no violencia.

27. Swami Vivekananda: El mensajero de la sabiduría universal y el sacrificio por la humanidad

Swami Vivekananda, nacido como Narendranath Datta el 12 de enero de 1863 en Calcuta, India, fue un destacado filósofo, líder espiritual y reformador social cuya vida y enseñanzas dejaron una huella profunda en el mundo moderno. Si bien su legado se basa principalmente en la espiritualidad y el desarrollo del ser humano, su vida fue también un testimonio de sacrificio por el bienestar de los demás, la búsqueda de la verdad y el esfuerzo por elevar a la humanidad.

Narendranath Datta nació en una familia bengalí de clase media. Desde una edad temprana, mostró una profunda curiosidad intelectual y espiritual. Se interesó por las enseñanzas filosóficas hindúes, y durante su juventud, fue especialmente influenciado por el Ramakrishna Paramahamsa, un santo de la India que sería su maestro espiritual. Ramakrishna enseñó a Vivekananda la importancia de la meditación, la devoción a Dios y la unidad subyacente de todas las religiones.

La relación entre ambos fue clave para la formación de Vivekananda, quien después de la muerte de

Ramakrishna en 1886, se dedicó a difundir las enseñanzas de su maestro y a llevar la filosofía hindú a una audiencia global.

Swami Vivekananda alcanzó fama internacional cuando, en 1893, viajó a Chicago para participar en el Parlamento Mundial de las Religiones. En su histórica intervención en el parlamento, presentó la filosofía hindú como un mensaje de unidad, paz y armonía, resaltando la verdad universal que yace en todas las religiones del mundo. Su discurso comenzó con las célebres palabras: "Hermanos y hermanas de América", lo que inmediatamente cautivó a la audiencia y dejó una marca perdurable en la historia.

Este evento marcó un antes y un después en la manera en que Occidente percibió el Hinduismo, ya que Vivekananda no solo defendió la profundidad espiritual de su cultura, sino que también promovió un enfoque ecuménico hacia la religión, desafiando las nociones exclusivas y sectarias que prevalecían en la época.

Su mensaje en Chicago reflejó la importancia de la tolerancia religiosa y el respeto mutuo, resaltando que todas las religiones son caminos válidos hacia la verdad, un tema que sería central en su vida y enseñanzas.

Swami Vivekananda no solo fue un filósofo y líder espiritual, sino también un reformador social y un activo defensor del bienestar de la humanidad. Consideraba que la verdadera espiritualidad debía ir acompañada de acción práctica para aliviar el sufrimiento humano. Este compromiso se reflejó en su dedicación a la educación, el servicio a los pobres y la lucha contra las injusticias sociales.

Vivekananda creía firmemente que la educación era la clave para el progreso espiritual y social. Fundó la Ramakrishna Mission en 1897, una organización dedicada a la educación, la ayuda humanitaria y el servicio social, especialmente dirigido a las personas más desfavorecidas de la sociedad india. La misión estableció escuelas, hospitales y centros de bienestar para brindar oportunidades a las clases bajas, en particular a las mujeres y a los intocables, a quienes defendió activamente.

En su visión, el servicio a los demás era uno de los caminos más importantes hacia la autorrealización. Swami Vivekananda promovió el concepto de que servir a los pobres y a los necesitados era una forma de adoración a Dios, ya que veía a Dios presente en cada ser humano, especialmente en los más vulnerables. Este enfoque práctico y humanitario se destacó en su vida, y su lema "Servir al hombre es servir a Dios" se convirtió en un principio fundamental de su misión.

Vivekananda abogó por la abolición de las castas, la promoción de los derechos de las mujeres y la erradicación del sistema de los intocables. En sus discursos y escritos, desafió las tradiciones rígidas y promovió una visión del Hinduismo que era inclusiva, que acogía a todos sin distinción de casta o género. También fue un firme defensor de la autonomía de la India, apoyando su liberación de la colonización británica, pero siempre promoviendo métodos de lucha pacíficos y espirituales.

El legado de Swami Vivekananda trasciende las fronteras de la India y se extiende al mundo entero. Sus enseñanzas sobre la autoconciencia, el desarrollo espiritual y la unidad universal de la humanidad continúan inspirando a millones de personas en todo el mundo. Vivekananda también sentó las bases para una nueva visión del Hinduismo moderno, destacando la necesidad de una espiritualidad práctica que pudiera aplicarse a la vida cotidiana, y no solo a los rituales religiosos.

Algunas de sus principales contribuciones al pensamiento moderno incluyen:

• La naturaleza divina del ser humano: Vivekananda enseñó que cada ser humano es un reflejo de lo divino, y que nuestra verdadera esencia es pura y divina. Su énfasis en la autorealización y en el conocimiento de uno mismo como el camino para alcanzar la divinidad ha sido central en su legado.

• La unidad de todas las religiones: Abogó por una visión pluralista de la religión, donde todas las religiones son simplemente diferentes caminos hacia la misma verdad. Este enfoque ecuménico y tolerante sigue siendo influyente en las discusiones sobre el diálogo interreligioso.

• El poder de la mente: Swami Vivekananda también destacó la importancia de la mente y la meditación en el proceso de autotransformación. Afirmaba que la mente es un potente instrumento de cambio, y su enfoque de la meditación se integró con técnicas prácticas de vida diaria.

Swami Vivekananda falleció el 39 de julio de 1902, a la edad de 39 años, dejando un legado impresionante en el mundo de la filosofía, la espiritualidad y la acción social. Su muerte prematura fue un duro golpe para su comunidad, pero sus enseñanzas continuaron creciendo a través de la Ramakrishna Mission y otros movimientos espirituales que siguieron sus pasos.

Swami Vivekananda vivió una vida dedicada al servicio de los demás, al sacrificio personal por el bienestar de la humanidad y a la búsqueda de la verdad universal. Su profundo entendimiento de la espiritualidad, combinado con su enfoque práctico para abordar los problemas sociales y humanos, lo convierte en una de las figuras más importantes de la historia moderna. A través de su trabajo y sacrificio, dejó un legado que continúa inspirando a millones de personas a vivir una vida de servicio, autodescubrimiento y unidad global.

28. Bhagat Singh: El mártir revolucionario que luchó por la libertad de India

Bhagat Singh, nacido el 28 de septiembre de 1907 en Banga (actual Pakistán), fue uno de los más prominentes y valientes activistas revolucionarios indios que lucharon por la independencia de la India del dominio británico. Su vida, aunque corta, estuvo marcada por un sacrificio profundo y un compromiso con la causa de la libertad y la justicia. Bhagat Singh es considerado uno de los mártires más grandes de la historia de la India, y su legado continúa inspirando a generaciones en la lucha por la justicia social y los derechos humanos.

Bhagat Singh nació en una familia de patriotas profundamente comprometidos con la independencia de India. Desde joven, fue testigo de las injusticias y la opresión que sufrían los indios bajo el gobierno colonial británico. Su familia, influenciada por los ideales de lucha por la libertad, le inculcó un fuerte sentido de nacionalismo y un deseo de combatir el dominio extranjero.

Bhagat Singh era un socialista que creía en poder derrocar al sistema capitalista y establecer una sociedad comunista. Él estaba profundamente influenciado por las obras de Karl Marx, Friedrich Engels y Vladimir Lenin. Fue el líder de la lucha por la libertad de la India en las décadas de 1920 y 1930, un líder carismático y un poderoso orador que inspiró a muchos con sus ideas revolucionarias.

En su juventud, Bhagat Singh fue profundamente influenciado por el movimiento nacionalista hindú y por figuras como Lala Lajpat Rai, un líder patriota que luchaba por los derechos de los indios. El ataque brutal de la policía británica que le costó la vida a Lajpat Rai en 1928 tuvo un profundo impacto en el joven revolucionario, quien decidió tomar un papel activo y armado en la lucha contra los británicos.

El 17 de diciembre de 1928, Bhagat Singh, junto a sus compañeros de lucha revolucionaria, planificó un acto que cambiaría el curso de su vida: un atentado contra el Comité de la Asamblea Legislativa en Lahore. El objetivo de este ataque no era matar a nadie, sino más bien hacer una declaración audaz contra el colonialismo británico y las leyes opresivas que mantenían a la India bajo su control.

En lugar de utilizar explosivos para causar víctimas, lanzaron una bomba de bajo poder en el interior de la asamblea, con el propósito de hacer oír su mensaje de resistencia. Bhagat Singh y su compañero Batukeshwar Dutt fueron arrestados tras el atentado y tomaron su encarcelamiento como una oportunidad para difundir su ideología revolucionaria y continuar con su lucha a través de la vía política.

El arresto de Bhagat Singh y sus compañeros no detuvo su determinación. Durante su tiempo en prisión, Bhagat Singh aprovechó la oportunidad para escribir, reflexionar y continuar luchando por la causa de la independencia. A pesar de ser arrestado y encarcelado, nunca se mostró arrepentido de sus acciones. Su ideología estaba profundamente influenciada por el marxismo y el socialismo, y veía la lucha por la independencia no solo como una cuestión de liberación nacional, sino también como una lucha por la justicia social y los derechos de las clases más desfavorecidas.

En 1929, Bhagat Singh fue condenado por la muerte de John Saunders, un oficial de policía británico al que se le atribuye la responsabilidad de la muerte de Lala Lajpat Rai. A pesar de la falta de pruebas claras en su contra, Bhagat Singh fue sentenciado a muerte. Durante su juicio y en los días previos a su ejecución, Bhagat Singh se mantuvo firme en sus principios y utilizó su plataforma para hacer un llamado a la revolución y al despertar de la India.

El 23 de marzo de 1931, Bhagat Singh, junto a Rajguru y Sukhdev, fue ejecutado en la horca en la prisión de Lahore, a la edad de 23 años. La fecha de su ejecución se convirtió en un símbolo de sacrificio, y su muerte encendió una llama de protesta en todo el país.

El sacrificio de Bhagat Singh dejó una huella indeleble en la historia de la India. Su valentía y compromiso con la libertad y la justicia inspiraron a miles de jóvenes indios a unirse a la lucha por la independencia. Bhagat Singh no solo luchó por la liberación de su país, sino también por los ideales de igualdad, justicia social y libertad para todos los oprimidos.

Aunque su vida fue breve, Bhagat Singh se convirtió en un símbolo de la resistencia india y de la valentía ante la opresión. Su famoso lema "Inquilab Zindabad" (¡Viva la Revolución!) fue un grito de guerra que resonó en todo el país, y sus escritos, discursos y acciones siguen siendo un testimonio de la lucha por la justicia.

Su legado no solo se limita a la independencia de India, sino también a la lucha por un sistema más justo y la resistencia contra todas las formas de opresión. Bhagat Singh fue un mártir que, a través de su sacrificio, inspiró un cambio profundo en la conciencia nacional de India y ayudó a forjar el camino hacia la libertad.

29.   Sócrates: El Filósofo que prefirió morir por la verdad

Sócrates, nacido alrededor del 470 a.C. en Atenas, es considerado uno de los padres fundadores de la filosofía occidental. Su vida, marcada por una profunda dedicación al cuestionamiento de la moral, la ética y la naturaleza humana, lo convirtió en una figura legendaria en la historia del pensamiento. Más allá de sus contribuciones filosóficas, Sócrates es recordado por su sacrificio personal por la verdad, la justicia y la libertad de pensamiento, sacrificios que, al final, le costaron la vida.

Sócrates nació en una familia modesta. Su padre, Sofronisco, era un escultor, y su madre, Fenarete, una partera. A lo largo de su vida, Sócrates se dedicó a la reflexión y al cuestionamiento sobre la moral y la ética humana. Sin embargo, a diferencia de otros filósofos de su tiempo, no dejó escritos. Todo lo que sabemos de él proviene de las obras de sus discípulos, especialmente Platón, quien fue su más fiel seguidor y quien plasmó las enseñanzas y diálogos de Sócrates en sus obras.

Sócrates no buscaba crear una escuela filosófica formal ni una doctrina específica. En lugar de eso, su principal herramienta fue el diálogo, en el cual se dedicaba a interrogar a las personas sobre sus creencias, desafiándolas a examinar la lógica detrás de sus opiniones y descubriendo la verdad a través de la razón. Su método, conocido como la mayéutica, era un proceso de preguntas y respuestas que buscaba que la persona llegara por sí misma a la verdad, en lugar de ser simplemente enseñada.

La filosofía de Sócrates lo llevó a cuestionar las normas sociales y los valores establecidos de su tiempo. Si bien muchos lo admiraban por su valentía intelectual, sus críticas a la política, la religión y las costumbres de la sociedad ateniense lo convirtieron en un hombre controvertido. Sócrates no temía enfrentarse a las autoridades, y su vida estuvo marcada por su constante desafío a las ideas establecidas.

Uno de los aspectos más sobresalientes de su carácter fue su inquebrantable dedicación a la búsqueda de la verdad. Sócrates se oponía firmemente a la mentira y la corrupción, y veía la justicia como un principio supremo. Esta actitud no le ganó el favor de todos, y muchos de los líderes políticos de Atenas lo consideraban una amenaza. En el 399 a.C., fue llevado a juicio por corromper a la juventud ateniense y por impiedad, es decir, por no creer en los dioses de la ciudad.

A pesar de la oportunidad de exiliarse o retractarse de sus enseñanzas, Sócrates eligió permanecer firme en sus creencias. En su juicio, defendió su filosofía con gran convicción, argumentando que su misión era la de mejorar la moral de la ciudad mediante el cuestionamiento constante de sus ciudadanos. En lugar de ofrecer una defensa tradicional para salvar su vida, Sócrates se mantuvo fiel a sus principios, sosteniendo que su trabajo era divino y que no podía renunciar a la búsqueda de la verdad.

El tribunal ateniense, en el que participaron 501 jueces, condenó a Sócrates a morir bebiendo cicuta, un veneno mortal. A pesar de las súplicas de sus discípulos y amigos para que huyera o se defendiera de alguna manera, Sócrates aceptó su destino con serenidad. En sus últimos momentos, permaneció firme en su creencia de que la muerte no era algo que debiera temerse, ya que la verdadera sabiduría se encontraba en aceptar la voluntad divina y vivir con justicia.

Antes de su ejecución, Sócrates pasó sus últimos momentos con sus discípulos, durante los cuales ofreció una de sus más famosas enseñanzas sobre la inmortalidad del alma y la importancia de vivir una vida virtuosa. Su disposición a morir por sus creencias se convirtió en un símbolo de su sacrificio por la verdad y la justicia. Sócrates no solo desafió las convenciones sociales, sino que dio su vida para mantener su integridad filosófica y moral.

El sacrificio de Sócrates por la verdad ha tenido un impacto duradero no solo en la filosofía, sino en la historia del pensamiento y la humanidad en general. Su enfoque en el cuestionamiento y la auto-examinación sigue siendo una parte fundamental de la filosofía moderna y de los métodos educativos actuales. A través de sus diálogos, enseñó a generaciones de pensadores a buscar la sabiduría dentro de sí mismos y a no aceptar las ideas preconcebidas sin una reflexión profunda.

El legado de Sócrates también es visible en la democracia moderna, ya que su énfasis en la reflexión crítica y la discusión abierta inspiró el desarrollo del pensamiento político y social. A través de su ejemplo de sacrificio personal por la verdad, Sócrates se convirtió en un modelo de resistencia intelectual y moral, alguien dispuesto a poner en peligro su propia vida para defender lo que consideraba justo.

La figura de Sócrates sigue viva hoy, no solo en los textos de Platón y Aristóteles, sino en la manera en que entendemos el conocimiento, la ética y el poder de la mente humana. A través de su sacrificio, Sócrates enseñó que la búsqueda de la verdad no tiene precio, y que la integridad personal es más valiosa que la vida misma.

Sócrates, el filósofo que desafió las normas establecidas y que prefirió la muerte antes que abandonar sus principios, dejó un legado que ha perdurado por más de dos mil años. Su sacrificio por la verdad y la justicia sigue siendo un faro de inspiración para todos aquellos que buscan la sabiduría y la rectitud en un mundo a menudo marcado por la corrupción y la mentira. Sócrates es el ejemplo supremo de que, en última instancia, la vida de una persona debe ser guiada por la virtud y la integridad, y que la verdadera libertad reside en la capacidad de pensar y vivir con autenticidad.

30. Joseph Smith: Fundador del Movimiento Mormón y mártir por su Fe

Joseph Smith, nacido el 23 de diciembre de 1805 en Sharon, Vermont, Estados Unidos, fue el fundador del movimiento religioso conocido como el mormonismo o La Iglesia de Jesucristo de los Santos de los Últimos Días (SUD). Su vida, marcada por la controversia, la revelación espiritual y el sacrificio personal, lo convierte en una figura central dentro del cristianismo moderno y una inspiración para millones de personas en todo el mundo. A través de sus sacrificios, Joseph Smith no solo fundó una nueva tradición religiosa, sino que dejó un legado perdurable de fe, valentía y resistencia frente a la adversidad.

Joseph Smith nació en una familia pobre, y creció en un ambiente religioso lleno de diversidad y debate. En su juventud, Smith experimentó las tensiones religiosas del Segundo Gran Despertar, un período de renovación espiritual en Estados Unidos. A la edad de 14 años, Smith tuvo lo que él mismo describió como una visita divina. Según su relato, en una mañana de 1820, mientras se encontraba orando en un bosque cercano a su hogar en Nueva York, tuvo una visión en la que Dios el Padre y Jesucristo se le aparecieron, indicándole que todas las iglesias existentes en ese momento estaban incorrectas y que él debía restaurar la verdadera iglesia de Cristo.

A partir de esta visión, conocida como la Primera Visión, Smith comenzó a recibir una serie de revelaciones que afirmaban que él tenía la misión de restaurar el cristianismo original, que según su creencia se había perdido tras la muerte de los apóstoles. A lo largo de su vida, recibió lo que él describió como revelaciones divinas que lo llevaron a traducir el Libro de Mormón, el texto central del mormonismo, el cual, según él, fue un relato de las antiguas civilizaciones que habitaron América y que fue revelado a través de la traducción de placas de oro que encontró en 1827.

La proclamación de Joseph Smith como el profeta restaurador y la fundación de la Iglesia de Jesucristo de los Santos de los Últimos Días en 1830 no fueron bien recibidas por muchos. Enfrentó una feroz oposición religiosa, política y social. Smith y sus seguidores fueron perseguidos, expulsados de varias ciudades y sometidos a ataques violentos. A pesar de estos desafíos, Smith continuó predicando y organizando la nueva iglesia, que creció rápidamente, aunque siempre estuvo marcada por la adversidad.

Uno de los mayores sacrificios de Joseph Smith fue su disposición a vivir y predicar en condiciones de constante hostilidad. En varias ocasiones, él y su comunidad se vieron obligados a mudarse de una ciudad a otra en busca de seguridad, y Smith pasó tiempo en prisión bajo acusaciones que él consideraba falsas. Sin embargo, nunca abandonó su fe ni su visión de restaurar el cristianismo puro.

El crecimiento de la iglesia y la autoridad que Smith había alcanzado le ganó tanto seguidores fervientes como detractores acérrimos. En 1844, en un contexto de creciente animosidad contra él y su movimiento, Smith fue arrestado en Nauvoo, Illinois, bajo cargos de conspiración y de destruir una imprenta que había publicado artículos en su contra. Durante su encarcelamiento, Smith siguió siendo un líder influyente, pero también aumentó la violencia y la hostilidad hacia él y sus seguidores.

El 27 de junio de 1844, Joseph Smith fue asesinado en la cárcel de Carthage, Illinois, por una turba que irrumpió en la prisión. En ese momento, Smith había pasado más de una década enfrentando persecuciones y desafíos debido a sus creencias y la nueva iglesia que había fundado. Le dispararon mientras intentaba escapar por una ventana, convirtiéndose en un mártir para sus seguidores.

Su muerte no solo fue un sacrificio personal, sino también un sacrificio por su comunidad y por la fe en la que creía. A pesar de ser consciente de los peligros a los que se enfrentaba, Smith nunca abandonó su misión. Sus seguidores vieron su martirio como la confirmación de la verdad de sus enseñanzas y la legitimidad de la restauración de la iglesia. Hoy en día, su sacrificio es recordado como un símbolo de fe, resistencia y compromiso con la verdad.

El legado de Joseph Smith ha perdurado y se ha expandido a lo largo de los años, con millones de miembros de la Iglesia de Jesucristo de los Santos de los Últimos Días alrededor del mundo. La iglesia que fundó ha crecido hasta convertirse en una de las religiones más influyentes del mundo, con templos en muchos países y una presencia activa en la educación, la caridad y la propagación del evangelio.

Smith es considerado por los mormones no solo como un profeta, sino como un hombre que sacrificó su vida por la restauración de lo que él veía como la verdadera iglesia de Cristo. Su sacrificio y su dedicación a su fe continúan inspirando a sus seguidores a vivir de acuerdo con los principios de fe, esperanza y caridad que enseñó.

En términos de su legado espiritual, Smith dejó un impacto duradero en la teología mormona, que incluye la creencia en la revelación continua, la importancia de la familia, y una estructura eclesiástica centrada en la autoridad del sacerdocio. Su vida es vista como un ejemplo de valentía frente a la adversidad, y su sacrificio es considerado una parte fundamental de la restauración del cristianismo primitivo.

‡